図解

男に通じる話し方
女に伝わる話し方

察しない男 説明しない女

五百田達成
Iota Tatsunari

Discover
ディスカヴァー

はじめに　男と女は異星人

こんにちは！　五《い》百《お》田《た》達成《たつなり》です。

私は、出版社や広告会社で働いてきたキャリアと、実践でのカウンセリング・コーチングスキルを生かし、職場やプライベートにおけるコミュニケーションを円滑にするアドバイスをしています。

と、こんな説明をするとずいぶん堅苦しいですが、言ってみれば、人と人との「通訳」のような存在。**「なぜわかってもらえないの？」「どうしてこの人とは話が弾まないんだろう？」「どうしても苦手な人がいる」……そんなみなさんの悩みを解決することで、人間関係を「まろやか」に変えるお手伝いをしています。**

なぜ、言葉が通じる相手に対して通訳が必要なのか、不思議に思う人もいるかもしれません。しかし、**私たちの心の中にある“気持ち”というものは、「言葉だけ」「態度だけ」では伝わりにくく、誤解されやすい、困った性質を持っています。**

たとえば、男性の上司が部下の女性に「これ、簡単だからやっておいて」と仕事を頼んだとします。部下の女性はどのように感じるでしょうか？

男性としては、「『君にとっては』簡単な仕事だから、短い時間で片付けられるはずだよ。お願いね」という気持ちで言っていたとしても、女性側は「君にはこれくらい簡単な仕事がお似合いだ」と言われた気分になる人もいるでしょう。

もう少し複雑なパターンをご紹介しましょう。彼氏が彼女に「今までどんな男性とつき合ってきたの？」と尋ねたとき、彼女のほうは、過去の彼氏について忘れてしまっているので、そのまま「よく覚えてないんだ」と答えます。すると、彼氏は思い切って質問したのに、明確な答えをもらえなかったことで、尋ねる前よりもっと不安な気持ちになります。つき合っている間、何度も何度も同じ質問を繰り返してしまうかもしれません。

特に男女の間ではしばしばこのようなすれ違いが起こります。みなさんも、一度や二度は彼氏や夫、上司に対して「どうしてそんなこと言うの？」と疑問に思ったり、彼女や妻、後輩に対して「なんであんなことするんだよ！」と腹を立てたりしたことがあるでしょう。「もう、わけがわからない……」とお手上げ状態になっている人もいるはず。

でも、大丈夫です。そうやって悩んでいるのは、あなただけではありません。**男女のコミュニケーションは、たとえば外国の人と接するよりも、もっと難しいのです。つまり、「男と女は、異星人だ」と言ってもいいほど。**

俗に「隣国同士ほど仲が悪い」などと言います。なまじ文化が近いからこそ、ささいな違いが気になって互いにイライラしてしまう。男女の場合もそれに似ていて、本当は複雑な違いがあるのに、同じ人間、同じ日本人と思ってしまうから、衝突が起きるのです。

また、さらに状況を難しくしている原因があります。それは、人間を「男」と「女」の２パターンに簡単に分けることはできないということ。**本書でいう男・女とは、純粋な性別ではなく、コミュニケーション上の「カテゴリ」だと思ってください。**極端ですが、いわば政治における右翼と左翼のようなものです。男的な感じ方・話し方をするのが「男」。女的な感じ方・話し方をするのが「女」です。

性別は女性で、しかも非常に「女らしい」考え方をする人もいれば、性別は女性でも、非常に「男らしい」考え方をする人もいます。また、性別は女性で、仕事では「男らしい」考え方をし、恋愛では「女らしい」考え方をする、というケースもあるでしょう。もちろん、男性の場合も同様です。

まずは、**自分のコミュニケーションが、男タイプなのか、女タイプなのかを知りましょう。そうしたら、あとは「異性（自分とは逆のタイプの人）」の考え方や行動パターンを学び、「伝わる言葉」を使って話せばいいのです。**すべての項目で「男は女に（⇔女は男に）こう言えば伝わる！」という「NG・OKフレーズ」をご紹介しています。すぐに使えるものばかりですので、外国語のように丸暗記して、日常生活で使ってみてください。

ちなみにその際、**「異性」の考え方に100％納得する必要はありません。**「なんで察してくれないかなぁ」「こういう言い方をしてくれればいいのに」と不満を感じつつも、まずは自分の言葉を機械的にチェンジしていきましょう。新しい言葉を学ぶには、この方法がいちばん手っ取り早いのです。

この本で男女の違いがわかり、みなさんの人間関係の悩みが「まろやか」に解決されることを、切に願っています。

コミュニケーションタイプ
チェックシート

あなたは男？女？

当てはまるのはどっち？

集計方法　下の表からA、Bどちらかあてはまるものを選び、Aの数を覚えてください。
p6、7であなたのタイプをチェックしましょう。

1	人から褒められるときには	A：「すごい！」と言われたい B：「さすが！」と言われたい
2	どちらかというと	A：無口 B：おしゃべり
3	観に行きたいのは	A：興行成績全米1位の映画 B：ヨーロッパで評価の高い映画
4	異性からのアプローチ、グッとくるのは	A：思わせぶりな態度 B：ストレートな告白
5	仕事に求めるのは	A：出世や実績に結びつく仕事 B：自分にしかできない仕事
6	好きなことわざは	A：「石の上にも三年」 B：「案ずるより産むが易し」

7 得意先からクレーム。反射的に思うのは

A：なめられたくない

B：怒らせたくない

8 心の中でうっすら思っているのは

A：「大人になんかなりたくない」

B：「ちゃんとした大人になりたい」

9 どちらかというと苦手なのは

A：ブレインストーミング（自由なアイデア出し）

B：プレゼンテーション（きちんとまとめて発表）

10 たまの休日。行きたいのは

A：顔なじみの行きつけの店

B：気になっていたニューオープンの店

11 仕事上のトラブル。まずは

A：上司に報告

B：仲のいい同僚に相談

12 靴を買いに行くとしたら

A：事前にリサーチしてから靴屋や靴売り場を丹念に回る

B：いろいろ見て回って、結果的にカバンを買うこともある

13 どちらかというと占いは

A：嫌い

B：好き

14 ゆっくり時間がとれて本を読むとしたら

A：知識が身につくビジネス書

B：人の心の機微を描いた小説

診断結果

Aが
11〜14
の人

ド男
コミュニケーションタイプ

非常に「男」的なコミュニケーションタイプ。
もしあなたが女性なら、女子との人間関係に苦労しているのでは？

Aが
7〜10
の人

男
コミュニケーションタイプ

やや「男」寄りのコミュニケーションタイプ。
もしあなたが女性なら非常にサバサバしていて、男友達も多いタイプでしょう。

いかがでしたか？

これは生物学的な男女でも性格診断でもなく、
あくまでコミュニケーションタイプのチェックです。
自分の考え方・話し方は男寄りか、女寄りか？
把握できたら、さっそくシーンごとに見ていきましょう。

Aが4〜6の人

女

コミュニケーションタイプ

やや「女」寄りのコミュニケーションタイプ。
もしあなたが男性なら、女性から「話しやすい人」だと思われているでしょう。

Aが0〜3の人

ド女

コミュニケーションタイプ

非常に「女」的なコミュニケーションタイプ。
もしあなたが男性なら、男性より女性と話しているほうが楽だと感じるでしょう。

図解 察しない男　説明しない女
男に通じる話し方　女に伝わる話し方

目次

はじめに 002

あなたは男？ 女？
コミュニケーションタイプチェックシート 004

第1章 基礎編
男と女はこんなに違う！

01 男は察しない
女は説明しない 016

02 男は理屈で動く
女は感情で動く 018

03 男は縦社会で生きている
女は横社会で生きている 020

04 男は野球で育つ
女はままごとで育つ 022

05 男はヤンキー好き
女はファンシー好き 024

図解でわかる！ 男女の違い 「脳の構造」 026

第2章 恋愛／セックス編

わかり合えないからこそ、惹かれ合う

06 男は「初めての男」になりたい
女は「最後の女」になりたい 030

07 男は「みんなが好きな女」が好き
女は「自分が好きな男」が好き 032

08 男はナンバーワンになりたい
女はオンリーワンになりたい 034

09 男にとって恋愛はゲーム
女にとって恋愛は結婚 036

10 男はノリノリの時に女をほしがる
女はどん底の時に男をほしがる 038

11 男は記号に欲情する
女は信号に欲情する 040

12 男はロマンが好き
女はロマンチックなものが好き 042

13 男は日常が好き
女は記念日が好き 044

14 男は「行きつけ」に行きたい
女は「初めて」に行きたい 046

15 男は黙る
女は泣く 048

16 男は浮気した女を非難する
女は浮気相手の女を非難する 050

17 男は別ファイル保存
女は上書き保存 052

18 男は違いがわからない
女は違いなんてどうでもいい 054

19 男は分析されたくない
女は言い当てられたい 056

図解でわかる！ 男女の違い 「人気」と「相性」 058

第3章 結婚／家庭編

家庭では女が社長、男は部下

20 男はプライドを食べて生きている
女はパンを食べて生きている ……062

21 男は使えないものを集める
女は使えそうなものを捨てられない ……064

22 男は子どもでいたい
女は女でいたい ……066

23 男はモノタスク
女はマルチタスク ……068

24 男はボーッとしている
女はイライラしている ……070

25 男は人前で話が長い
女は気を許した相手に話が長い ……072

26 男は変わりたくない
女は変えたい ……074

27 男は謝れない
女は忘れない ……076

図解でわかる！ 男女の違い 「タスク管理」 ……078

第4章 仕事／職場編

ビジネスは男のルールでできている

28 男はギラギラしたい
女はキラキラしたい ……082

29 男は権力を与えれば喜ぶ
女は安定を与えれば喜ぶ ……084

30 男は結果を重視する
女は過程を重視する ……086

31 男は褒めてほしい
女はわかってほしい ……088

32 男は世界から認められたい
女は世間から認められたい ……090

33 男は会議が好き
女はおしゃべりが好き ……092

34 男は序列を読む
女は空気を読む ……094

35 男は猪突猛進に働く
女は臨機応変に働く ……096

36 男は一般化したがる
女は具体化したがる ……098

37 男は同い年の男が苦手
女は自分より若い女が苦手 ……100

図解でわかる！ 男女の違い 「キャリアの築き方」……102

付録

このひとことでうまくいく！

使える簡単フレーズ

自己紹介 ……… 104
あいづち ……… 105
話のつなげ方 ……… 106
嫌みにならない受け答え ……… 107
落ち込んでいる人への対処法 ……… 108
行動を改めさせる ……… 109
“好みのタイプ”の答え方 ……… 110
愛を伝える ……… 111
予定を決める ……… 112
一日の終わり ……… 113
上手に別れる ……… 114
会議の司会進行 ……… 115
リーダーを任せる ……… 116
やんわりと断る ……… 117

おわりに ……… 116

★本書は2014年7月に出版した『察しない男　説明しない女　男に通じる話し方　女に伝わる話し方』（小社刊）から内容を抜粋し、大幅な加筆・修正を施して、図解にしたものです。

第1章

基礎編

男と女は
こんなに違う！

男と女のコミュニケーションはまったく違います。

どちらが良くて、どちらが悪いというものではありませんが、脳の構造や世の中の風習などから、「男コミュニケーション」「女コミュニケーション」というものが確かに存在します。

両者のコミュニケーションはあまりに違うので、はっきり言ってわかり合うのは無理です。中途半端に理解しようとしたり、相手を矯正したりしようとすると、余計なストレスをためることになります。

基礎編では、会話やセンス、人間関係、価値観……と、男女の違いの代表例＝「コミュニケーションの基本形」をご紹介します。

まずは基礎編を学んでから、恋愛、家庭、仕事と、興味のある章に進むと、「ふんふん、なるほどね」とわかりやすいはずです。

　では改めて、近くて遠い男女のコミュニケーションの世界へようこそ！

　言葉のウラに隠れた本音と、それに対する対処法を身につけていきましょう。

男はヤンキーに憧れ、女はファンシーなものが大好き（p24より）。

男 は察しない
女 は説明しない

男 「ビジネス向き」の説明上手だが、鈍感

男性は、相手の感情や考えを察するのが苦手で、**ひとことで言うと鈍感**です。注意力・観察力が足りず、さらに、そういった習慣・意識が圧倒的に不足しています。

細かいことは気にしないのが「男らしさ」だと育てられてきたことも影響しているでしょう。

そのように察することが苦手な半面、**論理的に説明するのは得意です。**「おしゃべりを楽しむ」のが苦手で、話し始めたら一気にゴールまで突き進みます。感覚や直感よりも論理や数字が重視されるビジネスの場では、女性の「直感力」より男性の「説明力」のほうが評価される傾向にあります。

ですから、女性が男性に話しかける場合は、自分の考えや気持ちをなるべくきちんと言葉で表現する努力をしましょう。

女 「超エスパー」ゆえに、いちいち言葉にしない

女性は、相手の感情や考えを察するのが得意。卑弥呼をはじめ、太古の昔から、霊媒師や巫女などはいつも女性でした。

もともと家庭を営む性なので、人の行動や仕草に敏感。特に自分にとって大切な子どもや家族の健康状態などに関しては、常に気にかけ、自然とよく観察しています。 夫の浮気に「女の勘」がよく当たるのも、さまざまな部分をいつもチェックしていて、少しの変化にも気づきやすいからです。

そのいっぽう、**自分が察することが得意なので「言わなくてもわかるでしょ」と、「説明しない」のも女性のコミュニケーションの特徴です。**

たとえば、デート中に急に不機嫌になる彼女。彼氏が「怒ってるの？」「なんで？」と聞いても、「別に！」とますますイライラを募らせます。「説明してくれなきゃわからないだろう！」と、しまいには彼氏も怒り出して、ケンカが勃発……というのは、よくある光景です。

男性は、まずは女性の気持ちを察する努力をしましょう。たとえそれが的外れでも、会話の糸口にはなります。

男にはこう言え！

とにかく自分の気持ちを言葉で説明する

NG

別に……
（言わなくてもわかってよ！）

OK

今、○○だから、
××な気分なの

女にはこう言え！

的外れでも相手を察していることをアピール

NG

え、髪切ったの？
（全然気づかなかった……）

OK

今日、いつもと雰囲気違うね

男は理屈で動く 女は感情で動く

男 脳梁が細く、集中力がある

男性の脳は女性に比べて右脳と左脳を結ぶケーブルのような役目をする「脳梁」が細く、感じる「右脳」と言葉を操る「左脳」の連携が若干弱めです。一度に処理できる情報量も少なく、回線で言うならアナログ回線。**つながるまでひたすらコールし続けられる「集中力」はありますが、裏を返せば「一度にひとつのことしかできない」とも言えます。**

しかし、女性より右脳が発達しているとも言われていて、優れた「空間認識能力」を発揮します。たとえば地図をパッと見ただけで位置関係がわかるなど、すばやく物事を捉えることができます。

また、**男性は、理屈が通っていないと納得できません。**女性ほど「感覚」に自信がないので、つい理屈でものを考えようとするのです。ランチを決めるときも、「昨日はサンドイッチ、その前はカツ丼……」とここ数日間のメニューを洗い出し、「……だから、久しぶりに蕎麦を食べよう！」という結論にたどり着きます。

ですから、男性に話を聞いてもらうには、最初に会話のゴールを示しましょう。話す要点の数を告げるだけでも印象はだいぶ変わります。

女 脳梁が太く、感情と言葉の連携がいい

女性の脳は、脳梁が太く、右脳と左脳の連携がいいと言われています。**「感情」と「言葉」がめまぐるしく行き交うからこそ、思いつきをぽんぽん口にしたり、あちこち話が飛んだりもしてしまいます。**

太いケーブルのおかげで、一度に多くの情報をやりとりできる、いわばブロードバンド回線のような女性の脳は、マシーンとしては男性より優秀とも言えます。大量の情報がやりとりできるのに加え、もともと高感度な「センサー」が身についているため、物事の細かい部分やまわりの人の感情にもよく気がつきます。

しかし、逆に言えば常に「気が散っている」状態とも言えます。**情報量が多すぎて、決断が遅くなってしまうデメリットを抱えている**のです。

「感覚」に優れた女性には、クドクドと論理立てて話すことは避けましょう。「なんとなく……」など曖昧な表現でも、相手は正確に察してくれます。

男にはこう言え！

最初に要点の数を示し、会話のゴールを見せる

NG

○○が△△になって、××が、あ、□□が……

OK

ポイントは3つあって……

女にはこう言え！

論理立てず、感覚に訴える

NG

これは△△が××だから、絶対○○だよ！

OK

なんとなくだけど、○○な感じかな

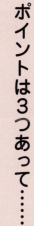

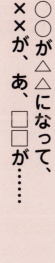

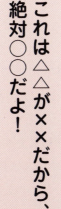

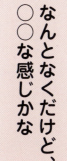

男は縦社会で生きている 女は横社会で生きている

男 上下関係がはっきりしないとソワソワする

男同士の人間関係はひとことで言えば体育会的。その証拠に男性はいつでも年齢を気にしています。鈍感な彼らが、唯一敏感に反応する部分と言えるでしょう。これは、**年齢の上下で「偉い」か「偉くない」かを決めて役割分担するほうが気楽で、彼らの性に合っている**からです。

たとえば合コンで、男性チームが会社の先輩・後輩関係だった場合、先輩は後輩をいじり、後輩は先輩を持ち上げるという美しい連係プレイが見られます。しかし、これが同期の男チームになると、話は別です。年齢という絶対的な上下関係がないので落ち着かず、何かと張り合ってしまいます。お互いが力で相手をねじ伏せて「上」になろうとするのです。

また、**年齢や職業、肩書きがわからない初対面の相手に対しても、不安でどう接していいかわからず、ソワソワします。**

なので女性は、まず最初に男性が気にする年齢や肩書きを確認してあげましょう。すると、男性は安心してそのあとの会話を盛り上げてくれます。

女 団結することで、「強い男」に対抗しようとする

女性は、男性のように年齢や肩書きの上下を気にする習慣はありません。初対面のパーティなどでも、すぐに打ち解けて歓談できるのは、女性の特技です。

女性はかつて社会的に弱い立場にあったため、現代でも、**「自分たちは弱者だ」という意識が強く、女同士で団結しようとする**のです。

また、女性の肩書きは「一流企業の夫を持つ専業主婦」「バリバリ働くママ」「海外留学中の独身女性」など、多種多様。結婚や出産、職業、収入、資格など、さまざまなスペックが入り組んで、同じ物差しでは比較できません。これも縦の関係が機能しない理由のひとつでしょう。しかし当然、「横社会」ならではの辛さもあります。**「仲良くしなければ」というプレッシャーから、気の合わない同僚や話の合わない友達とも、楽しいふりをして過ごさなければならない**こともあります。

周囲との調和を大切にする女性に対しては、女性の築いた人間関係を尊重し、決して悪く言わないことが大切です。

男にはこう言え！

年齢や肩書きを確認してあげる

OK

○○さんとは、どっちが先輩？

NG

1歳や2歳の差なんて、
どっちでもいいじゃない

女にはこう言え！

相手の人間関係を尊重し、けなさない

OK

みんな仲良しなんだね

NG

○○さんって感じ悪いね

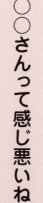

男は野球で育つ
女はままごとで育つ

男 成長が好きで、「仕事オタク」になりがち

男性は、(多少の個人差はありつつも) 子どもの頃から野球やサッカーなどのチームスポーツに親しんでいます。そこでは、**監督には歯向かわず、チームが勝てば大喜びする**のがルールです。

そんな男性たちは、「成長」という言葉が大好きです。昨日より今日、今日より明日。自分が大きく、強くなっていくことに楽しみを見出します。筋トレが好きなのも男性ですし、会社をどこまでも大きくしようとするのも男性社長です。

男性の人生は「シューティングゲーム」のようにとてもシンプルで、学校を出て就職したら、あとは働くだけ。結婚や子育てというイベントはあるものの、どちらも主役は妻であり、母です。

結局のところ男性は、「仕事」で得点を積み上げていくしかありません。こうして、立派な「仕事オタク」が完成するのです。

男性と一緒に仕事をするときは、チームプレイの中で求められている自分の役割を尋ねましょう。そうすると、「××の件を頼むよ」と指令しやすくなります。

女 人生の多様性が、変身願望を植えつける

女性が子どもの頃に親しむ遊びの代表は「ままごと」。「ままごと」には明確な目的もゴールもありません。**みんなで楽しく仮想世界をつくり上げる、「協調性」や「共感」が重んじられる遊び**です。

むやみに会社を大きくしようとする男性社長に対して、女性社長は、仕事の内容や社内の雰囲気を大切にします。

また、男性の「成長」に対して**女性が好むのは「変身」。同じステージで経験値を上げて成長するより、まったく新しい自分にリセットしたいと考えます。**人生の選択肢の複雑さも、変身願望を加速させる原因のひとつです。結婚の経験、子どもの有無、仕事との関わり方……と、女性は選択によってまったく違う人生を歩むことができるからです。

とにかく楽しく働きたい女性と一緒に仕事をするときは、協調性と雰囲気を重んじた言葉をかけると、モチベーションがアップします。

男にはこう言え!

求められている自分の役割を尋ねる

NG

一緒に楽しくがんばりましょう!

OK

私は何をすればいいですか?

女にはこう言え!

協調性と雰囲気を重んじる

NG

この仕事で結果を出せば、成長できるよ!

OK

みんなで一緒にがんばろう!

男はヤンキー好き 女はファンシー好き

男 由緒あるヤンキー体質

ひところ「マイルドヤンキー」という言葉が流行りました。男の世界は昔から「ヤンキー崇拝文化」です。おとなしい男子でさえ一度は「ワル」に憧れます。高校生や大学生がタバコを吸い始めるのは、悪いことをする自分がカッコ良く思えるからでしょう。**悪い＝憧れの対象なのです。**

ガラの悪い輩のようなルックスの EXILE は、「マッチョ」「仲間（絆）」「礼儀」と三拍子揃った現代ヤンキーの代表格。彼らは、女性だけでなく男性からも支持されています。**ドクロなど「怖そうなもの」や、龍や虎など「強そうなもの」がデザインされた服も根強い人気。**地方に行くほどこのヤンキー崇拝傾向は強まります。男性が「ヤンキー」的な要素を好むのは、「勝ちたい」「他人になめられたくない」「人の上に立ちたい」という願望の表れです。要は、**「やるのか！」「バカにしてんのか！」「なめんなよ！」**という心理です。

男性のセンスや持ち物を褒めるときは、とりあえず「すごい！」と言っておけば OK。いろいろな意味で相手のプライドを満たすことができます。

女 キティちゃん、ハート、リボン……幼さとかわいさで武装する

男たちが女に幼さや無邪気を求めていることを敏感に察した女性は、キティちゃんなどのキャラクターを愛し、ピンクの服を着て、部屋中にハートとリボンを散りばめます。**「かわいい」という言葉に凝縮される「ファンシー」を身にまとう**のです。

メイクやファッションにも「幼さ」を取り入れて武装。きゃりーぱみゅぱみゅのような「ガーリーファッション」「ドーリーメイク」はもちろん、自分たちを「女子」「乙女」「姫」などと呼ぶのもそのためでしょう。

ちなみに、**女性の「かわいい」は万能語。**「今、私の心は揺さぶられている！」という広い意味です。非常に直感的なものなので、ルールはありません。男性から「ということは、リボンのデザインが好きなんだね」などと決めつけられるのも嫌います。女性のセンスや持ち物を褒めるときは、「それ、自分も好きですよ」という共感こそが、何よりの褒め言葉になります。

男にはこう言え！

「すごい」のひとことで相手のプライドを満たす

NG

強そうで、えーっと、かっこいい……かな

OK

それ、すごい！

女にはこう言え！

共感しているという、最大の褒め言葉を送る

NG

君はピンクの小物が好きなんだね？

OK

それ、かわいいね

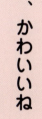

「脳の構造」

右脳と左脳をつなぐ脳梁が太い女性は、物事を感情と一緒に記憶しやすく、過去のことも今この瞬間に起こったかのように臨場感を持って思い出せます。

いっぽう、男性は脳梁が細いため、過去の出来事は「すでに終わったこと」として処理します。

女性が男性の前で過去の話を持ち出して叱り始めると、男性は理不尽に感じて再び怒り出すのは、脳の構造の違いによるものかもしれません。

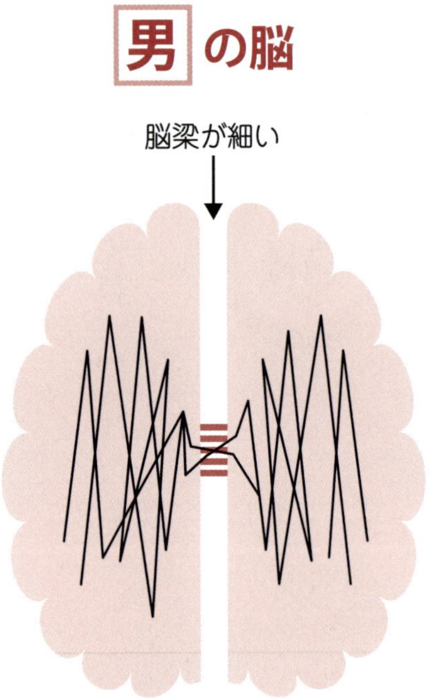

男は右脳と左脳をつなげる
脳梁が細い

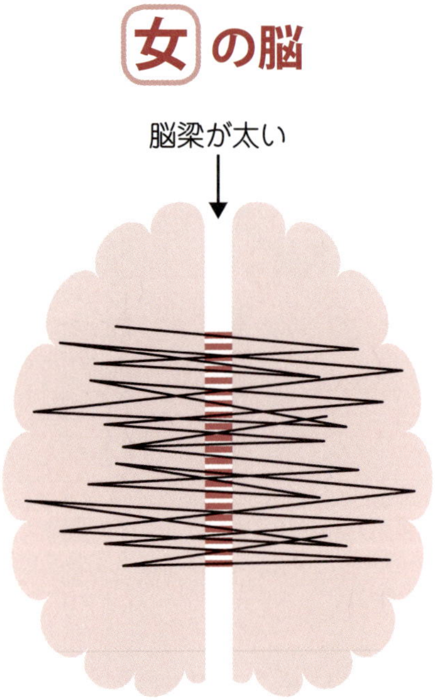

女は右脳と左脳をつなげる
脳梁が太い

第2章

恋愛／セックス編

わかり合えないからこそ、惹かれ合う

さて、この章からは具体的な男と女の違いについて考えていきます。まず最初に取り上げるのは「恋愛／セックス」です。

恋愛とは「互いに好意を持った男と女が、徐々に仲良くなっていくコミュニケーション」です。……と言うと、聞こえはいいですが、実際はそこに性欲や妄想、打算や嫉妬がからんでくるので、とてもリアルで生々しいものになります。

家庭や職場では、理性である程度おさえられても、こと恋愛となると本能がむき出しになります。つまり、この「恋愛／セックス編」こそ、男と女、オスとメスの違いがもっともハッキリと出てくるテーマということ。

あの人はいったい何を考えているんだろう。胸が苦しくて辛い。なのにどうしても気になる……。恋愛には、わかり合えないからこそ惹かれ合う、男女の不思議が詰まっています。

「もう恋愛は卒業した」「甘ったるい話は興味ない」という人もいるかもしれませんが、他のテーマにも相通じるもの。気楽に楽しみながら読み進めてみてください！

過去の恋人を別ファイル保存する男と、上書き保存する女。「経験人数」を聞かれたときのベストアンサーとは？（p52より）

男は「初めての男」になりたい 女は「最後の女」になりたい

男 求めるのは、「真っ白な女」

古くは『源氏物語』の例もあるように、何も知らない、経験の浅い女性をリードして、自分色に染めていくのが男の夢。**21 世紀になっても、いまだに「処女性」を重視する男性は数多くいます。**

まるで「未開の大地を耕したい」という男らしさの表れのようですが、実は弱気の裏返しでもあります。**男性は、女性にとって「最初の男」になることで、他の男性と比べられるのを避けたいと思っているのです。**

自分が最初の男なら、どこにデートに行っても、どんなキスをしても「前の彼のほうがいいところに連れて行ってくれた」「昔の彼のほうがうまかった」などと言われずに済みます。「こんなの初めて！」と感激してくれるシーンもきっと多いでしょう。

自分に自信がないからこそ、「真っ白な女性」を求めているとも言えるのです。

そんな男性を喜ばせるには、「初めての経験をさせてもらっています。だから、これからあなた色に染まっていきそうです」ということをアピールするといいでしょう。

女 求めるのは、「完成された男性」

女性は変身願望があり、「いつか白馬の王子様が自分の人生をステキに変えてくれる」と思いがち。そういった**依存的な考えがあるため、できるだけ洗練され、成功した大人の男を求めます。**

そして、このこだわりや条件は年を重ねるごとにより複雑になります。「この年齢まで待ったのだから、もっといい男じゃないと納得できない」というわけです。

相手にとって**「最初の女になりたい」とは思いませんが、「最後の女になりたい」という希望は持っています。**つまり、恋愛の延長線上に、「結婚」というゴールを自然と見据えているということ。その点では、女性のほうが恋愛に対して現実的とも言えるでしょう。

女性を喜ばせるには、「今までつき合ってきた相手とは、まったく違う感覚です。だからこそあなたで決めてしまいそうです」というニュアンスが必要です。

男にはこう言え！

あなた色に染まりそうと匂わせる

OK

こんな経験、初めて！

NG

そのお店、前に行ったことある。おいしいよね！

女にはこう言え！

特別なあなたに決めそうとほのめかす

OK

こんな気持ちになるのは、君が初めてだ

NG

君みたいなタイプ、好きなんだよね！

男は「みんなが好きな女」が好き
女は「自分が好きな男」が好き

男 「いい女」を恋人にしてオスとしての強さを誇示したい

男性からの人気は「見た目がかわいい子」に集中します。

男性は、自分がつき合う女性のことを、どこかでマスコットやアクセサリー、あるいは狩りの獲物のように考えているのです。成功した証として美女を妻にして自慢する「トロフィーワイフ」という言葉もあるほど。

男性にとっては、自分が連れている女性が「みんなが認めるいい女」であることが望ましい状態。「いい女」を一生懸命口説くのも、大きな獲物を射止めることで、自分のオスとしての強さをまわりに誇示したいからです。

まわりから「いいな〜」とうらやましがられることが女性選びの基準になるので、「CA（キャビンアテンダント）」「女子大生」「モデル」など、わかりやすく華やかなブランド・キーワードも大好きです。

男性の気を惹きたいときは、きちんとパートナーはいるけれど、順調ではない旨を伝えることで、「彼氏がいるぐらい、ちゃんとした子なんだな」→「でも、つけ入る隙はあるんだな」→「あれ、好きかも？」となります。

女 自分に合う相手を鋭い嗅覚で見分ける

女性も小学生くらいまでは「みんなが認めるいい男」に夢中になります。知能や身体能力などわかりやすい基準で相手を選ぶのです。

しかし、**精神年齢の高い女性は、中高生にもなると自分独自の「好きな異性の基準」を持ち始めます。**次第に、ただかっこいいだけの男性に人気が集中することはなくなり、「サブカルに詳しくて話がおもしろい文系男子」「手のキレイなアート系男子」「スポーツに熱中する、体格のいい体育会系男子」などもモテ始めるのです。**女性にとっての「かっこいい」は、「かわいい」同様、非常に複雑で十人十色です。**これは、男性にとっては、可能性が広がるという朗報でもあります！

女性たちの好みが分散するのは、女性が無意識に相手を「子どもの父親になる人」という観点で審査するからでしょう。

女性の気を惹きたいときは、センスや好き嫌いにすかさず共感し褒めることで、「個性を認めてくれる、同じ感覚の持ち主」→「あれ、好きかも？」となります。

男にはこう言え!

魅力を認めてくれる男性がいることをアピール

NG

ここ最近ずっと彼氏いないんだ

OK

彼氏はいるんだけど、
うまくいってないんだ

女にはこう言え!

センスや好き嫌いにすかさず共感し褒める

NG

女の子ってみんな
○○が好きだよね

OK

○○ちゃんらしいよね。
そういうところ、いいと思う

男 はナンバーワンになりたい
女 はオンリーワンになりたい

男 恋人以外からもモテたい

究極的に男性は「真っ白な女」を求めています。ですが、本当に真っ白な女性を手に入れるのが難しいことは、内心わかっています。その代わりとして、相手の歴代彼氏の中でナンバーワンになりたいと考えるのです。

しかも、その欲求は、歴代彼氏にとどまりません。彼女がアイドルやタレントを見てはしゃぐのも、本心では受け入れられず嫉妬しています。大げさな言い方をすれば、**男性は彼女にとって「全人類の中でいちばん」でありたいと思っています。**

さらに始末の悪いことに、**男性には「彼女以外の女性からも好かれたい」という願望もあります。**彼女がいても合コンに行きたがったり、「キャバクラでモテた」などと言って喜ぶのはそのためです。本能的に種をばらまく性なので、いつまでたっても「より多くの女性から求められたい」という欲望が消えないのです。

長くつき合っている男性には、ずっと変わらずいちばんであることを保証する言葉をかけてあげましょう。そうすることで、男性の「ナンバーワン」欲求を満たすことができ、円満に交際を続けていくことができるでしょう。

女 恋人に愛されたい

女性は、不特定多数の男性からモテることにあまり興味がありません。というのも、女性は恋愛において受け身の存在だからです。

もちろん、自分からアプローチする積極的な女性もいますが、一般的には「男性が口説き、女性が応える」ケースが多いでしょう。そのため、「攻撃」よりは「守備」に重きを置くことになります。

結果として、**好きでもない男性に言い寄られて面倒なことになるよりは、自分が好きなひとりの男性だけに愛されたいと感じるのです。**

男性が彼女に愛情表現をする場合は、「君だけだよ」「特別な人」と言って、「僕にとって君がオンリーワンだ」というアピールをしましょう。

男性は自分が序列を気にするため、つい「君がいちばん好きだ」などと言いがちですが、これは女性にとってあまりいい言葉ではありません。

男にはこう言え!

文句なしのいちばんであることを保証してあげる

OK

世界でいちばん、好き!

NG

私が好きなのはあなただけ

女にはこう言え!

他の女性と比較せず、君だけだとアピール

OK

僕にとって特別な人なんだ

NG

君のことが他の誰よりも好きだ

男 にとって恋愛はゲーム
女 にとって恋愛は結婚

男 恋愛を「口説きゲーム＝セックス」と捉え、キスまでが楽しい

男にとって恋愛のメインイベントはセックスであり、「気に入った女性を口説き落として、キスをして、セックスに持ち込む」というゲームでしかありません。

本人は「恋だ」と勘違いしていることも多いのですが、**性欲や征服欲を満たすために「恋らしきもの」に没頭しているだけ。**特に若い男性はそうです。中高生時代の男子は、ほぼ女子のカラダしか見ていないと言ってもいいでしょう。

極端に言えば男性は、誰とでもセックスができます。本能的に「種をばらまきたい」「子孫を残したい」という欲求があるためです。そして、**セックスをして「落としたな」と感じればゲームクリア。途端にやる気を失います。**

多くの男性は恋愛というゲームを楽しんでいるため、結婚も決めたがりません。責任を取るのはイヤだし、もっと遊びたい、というのが正直な本音です。

なので、つき合う前に結婚の話題になったときは、結婚を焦っているわけではないことを示せば、異性は安心します。

女 恋愛を「結婚＝子ども」と捉え、キスからが楽しい

多くの女性は恋愛の先に結婚や子どもというゴールを見ています。「好きな人といたい」と言いつつも、頭のどこかでは「生活」のために結婚しようとするのです。

となれば当然、**男性の収入や将来性も気になりますし、「異性としての魅力」と同時に「父親としての適性」を見たりもします。**これを「打算」と呼ぶ人もいるでしょうが、妻や母の視点で男性を吟味するのは当たり前のこと。そして女性は、男性のように誰とでもセックスすることはないため、**一度スキンシップを取った相手には情が移りがち。**「自分が認めた異性だ」と強く認識するからです。

ある程度大人の女性と交際したいと思ったら、きちんと結婚願望があることを示しましょう。そうすることで、ようやく女性も真剣に交際について考え始めてくれます。

いっぽうで、まだ結婚を意識していない小中学生時代の女子は、まったく別の行動を取ります。「ドラマのような恋がしたい」と願い、「恋に恋をする」のです。この場合も、「恋らしきもの」をしているだけと言えるでしょう。

男にはこう言え!

結婚は焦っていないことをアピール

OK

結婚は、いつかはしたいって感じかな

NG

できるだけ早く結婚したい!

女にはこう言え!

結婚願望はあることをきちんと示す

OK

いい人と出会えたら、もちろん結婚したい

NG

結婚はまだまだ考えられないな

男はノリノリの時に女をほしがる 女はどん底の時に男をほしがる

男 仕事の成功が恋愛に駆り立てる

男性が恋をしたくなるのは、自分が絶好調のとき。仕事でうまくいっている「ノリノリ」なときに「彼女がほしい」と思うのです。

男性は仕事をとても重要視しています。自分にとって大切な分野で成功することで、自己肯定感が高まり、その有り余るエネルギーが恋愛に向くのです。

また、無意識に「良い遺伝子を持つ男性と結ばれたい」と感じている女性たちも、「夢中になれるもの」「打ち込める仕事」を持っている精力的な男性に惹かれます。そのため、**男性が絶好調なときは、自然と女性からの引き合いも増えるようです。**モテた男性はさらに自信を強め、もっとモテたいと感じて狩りに出るというわけ。

逆に、しょげた男性を見ると女性はかわいそうになり、あれこれ世話を焼いてあげたくなりますが、男性は調子が悪いときの自分のことが好きではありません。なので絶不調の男は、構われても「ほっといてくれ」と、すねてしまうのです。

繰り返しになりますが、恋のチャンスは、男性の景気が良さそうなとき。そのような雰囲気を感じ取ったら、すかさず声をかけましょう。

女 精神的に弱っているときに支えられると心を許す

女性が恋をしたくなるのは、失恋したり、仕事でうまくいかなかったり……絶不調なときです。**女性には「いつか王子様に自分の人生をステキに変えてもらいたい」という変身願望があるため、恋をすることで苦境から脱したいと考えて男性に逃げ込みがちです。**男性と比べるとずいぶんネガティブな動機です。

なので男性とは逆で、女性の場合は、落ち込んでいる雰囲気を感じ取ったら、すかさず声をかけましょう。悩みを相談してきたら、こっちのものです。

また、女性は仕事で忙しくしていると、どうしても見た目に関するケアが疎かになります。ところが、女性は男性から外見で判断されることが多いため、仕事をしているとどんどん恋愛から遠のいていく仕組みに。

「男らしさ」「女らしさ」が薄れている現代ですが、**働く大人の女性たちはむしろ「男らしさ」を強めている**ようにも感じます。今の日本で恋愛が流行らないのは、このようなことが理由かもしれません。

男にはこう言え！

景気の良さそうなときに声をかける

OK

何かいいことでもあった？

NG

困ったら
いつでも相談してね

女にはこう言え！

落ち込んでいるときに優しく声をかける

OK

大丈夫？　何かあった？

NG

僕も悩んでるんだよね……

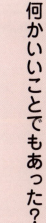

男は記号に欲情する
女は信号に欲情する

男 わかりやすい女的なものに欲情する

多くの若い男性は、性欲に支配されています。そのため、「女っぽくてエロいもの」を備えている女性にキュンとします。

たとえば、**プルプルの唇や、柔らかそうなおっぱい、大きなおしり、ミニスカート、ニーハイブーツ……など、女性のシンボル的なものに惹かれる**のです。

もちろん、「こんなスタイルの女性がいい」などの好みはそれぞれにありますが、「誰の唇なのか」「誰がミニスカートを穿いているのか」という部分はあまり重要ではありません。女性らしい体のパーツやファッションアイテム“そのもの”に欲情しているからです。こういう面で、男性はとても単純と言えるでしょう。

そのようにベタな記号にグッとくる男性には、ひねらずに「いかにもな女らしさ」をアピールしましょう。ブリブリとした女の子を演じて、「かわいいなぁ」と鼻の下を伸ばさせるのです。

女 自分に向けられる好意にキュンとする

女性は、少し複雑です。ムキムキの筋肉やひげなど、「男らしい」とされるものにはそれほど魅力を感じません。好みとして「筋肉フェチ」「ひげフェチ」の女性もいますが、それはどこか冷静な「好み」であって、キュンとときめく「好き」とは区別されています。女性が純粋に見た目だけで男性に好意を抱くケースは、ほとんどないと言ってもいいでしょう。

いっぽうで**女性は自分に向けられたベクトルに敏感です。「これは私に向けられた優しさだ」「私に関心を持ってくれているのだな」と感じることでキュンとします**。そのため、誰から発信されたものなのかが非常に重要になります。それまであまり意識していなかった相手からのベクトルでも、「自分だけに向けられたものだ」と感激すればそのまま好意に変わったりもします。

女性が「押しに弱い」とされるのはこのためでしょう。熱心にアプローチされることで、いつの間にか心が動かされるのです。

ですから、女性には、「あなたのことが気になります」「いつも気にかけています」というアピールが有効です。

男にはこう言え！

「いかにもな女らしさ」をアピール

OK

スイーツ大好き。
甘いものに目がなくて♪

NG

休日は英会話とか
「自分磨き」をしているの

女にはこう言え！

相手をいつも見ていることを伝える

OK

○○ちゃんって
いつも××してるよね

NG

××なんかしてたっけ？

男 はロマンが好き 女 はロマンチックなものが好き

男 いわゆる「男のロマン」を追い求める

男性はサプライズ演出を「する」のも「される」のも苦手なことが多いようです。「察する」ことができないので、**「明確なオーダーがない中で、女性の気持ちを察して企画する」という行為が苦手**なのです。また、**予測のつかないことや、論理的に説明できないことを嫌う**ので、サプライズされた場合は喜ぶより先にびっくりしてしまい、中には怒り出してしまう人もいます。

では、男性はロマンチックさと無縁なのかというと、そうではありません。「小さいときからの夢をかなえるために単身渡米」「裸一貫で起業して成り上がる」「秘密基地みたいな場所を持ちたい」など、そういった**いわゆる「ロマン」に萌えるのは、どちらかというと男性のほうです。**

恋愛の甘い雰囲気や情緒は軽視するいっぽう、子どものようなワクワクを人生に求め続けます。

そんな男性をうっとりさせるには、「一生懸命になれるものがあるってステキ」など、男性の夢を持ち上げましょう。「それって実現できるの？」など、夢を壊すようなことは決して言ってはいけません。

女 ロマンチックなシチュエーションに酔いたい

夜景がキレイなレストランでのデート、愛をささやく甘い言葉、ドキドキするシチュエーションでの優しいキス……これら**いわゆる「ロマンチックなもの」に女性は目がありません**。なぜかと言うと、小さい頃から、ディズニー映画をはじめとするお姫様的なストーリーに接しているからかもしれませんし、感受性が豊かだからかもしれません。

ロマンチックなものが大好きで、チヤホヤもされたいし、人一倍感激もする。でも、大きな人生設計においては、冷静で現実的な視点を忘れないのが女性という生き物。

女性をうっとりさせるには、「ちやほやされるお姫様と、かしずく執事」という非日常なファンタジーの登場人物になり切るといいでしょう。恥ずかしがってはいけません。

男にはこう言え！

相手の夢を持ち上げ、ロマンに浸らせてあげる

OK

夢を持ってる人って
かっこいいよね

NG

結局、何がしたいの？

女にはこう言え！

非日常なファンタジーへ誘う文句を投げる

OK

姫はわがままだなぁ♪

NG

口下手だから
そういうの無理……

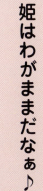

男は日常が好き 女は記念日が好き

男 ボーッとリラックスしたい

出会い、デートを経て交際が始まると、男性は一転してリラックスし始めます。昨日までビシッとスーツを着ていたのに、急に生活感丸出しのジャージ姿になったりするのです。デートも面倒くさい、彼女の前ではお洒落もしない、記念日なんかどうでもいい……。女性が「こんなはずじゃなかった」とがっかりするのも仕方ありません。もちろん男性にも言い分はあります。そもそも男性のテンションが上がるのは、口説き落とすところまで。そこから先に「ときめき」は求めません。**男性は「記念日」のような、ムダなことに労力をかけるのが好きではないのです。**

交際前の男性はいわば「仮の姿」。好きな女性を口説き落とすために、良い部分を見せていただけのことです。また、**「自分はがんばって君を口説き落としたのだから、次はそっちが癒してくれよ」という気持ちもあります。**

そのように日常を大切にする男性には、手料理が効果的です。いかにも、な手の込んだものではなく、「冷蔵庫の中のものでささっと」「こんなものしかないけど」という日常感が刺さります。

女 ずっとときめいていたい

女性は、ひとりの男性とじっくりつき合いたいと考えています。そのため、つき合っている相手にときめけないと、恋愛の醍醐味を感じられません。

そこで、男性には**「誕生日」「クリスマス」「交際記念日」など特別な日を盛大に祝ってもらいたい**と思っています。「最近、気を抜きすぎじゃない？」と腹を立てていた場合でも、そこさえケアされれば「やっぱり私のことをちゃんと考えてくれていたのね！」と感激して機嫌を直すのです。

つまり、女性を惚れ直させたいときは、特別な日を大事にしていることをアピール。しかも率先して相手より先に切り出すことが肝心です。

ところが**結婚後、子どもが生まれて母親になると女性は「ときめきたい」とは言わなくなります。**それどころか一日中すっぴんで過ごし、お風呂上がりにバスタオル姿で夫の前をうろつくようになったりします（笑）。多くの男性は幻滅し「こんなはずじゃなかった」と嘆きますが、それはお互い様というわけです。

男にはこう言え！

相手の日常に溶け込むような言葉をチョイス

OK

ありあわせのもので、パパッと
つくっただけだから……

NG

気合い入れて、フレンチの
フルコースをつくりました！

女にはこう言え！

特別な日について、相手より先に切り出す

OK

今度の○○記念日、
どこかいこうよ

NG

なにかの記念日だっけ。
どうしようか……

男 は「行きつけ」に行きたい
女 は「初めて」に行きたい

男 冒険はしないで安心をとる

男性は脳が不器用なので、新しいルールや仕組みに慣れるまでに時間がかかります。そのため冒険嫌いで、外食のときにも「なじみの店」「いつもの店」をつくりたがります。**「そこに行けば安心」という空間で、自分の城のようにくつろいで飲食したいと願うのです。**毎日のランチにしても、女性が「新しくできたパスタ屋さんはもう行った？」などとはしゃぐのに対し、男性は「月曜は蕎麦屋、火曜はカレー、水曜はトンカツ屋」とローテーション。行きつけで「いつものね」とオーダーできるのが、いちばん楽チンで居心地がいいのです。

また、**常連になることで安定した良いサービスが受けられるのも、男性にとって心地のいい状態。**食事といえども「他人に勝ちたい」という闘争本能は健在。男性は、その場の誰よりもいいサービスを受けたいと思っています。

デートのお店を選ぶときは、「なじみのお店・いつものお店に行こう」と誘うと喜んで応じてくれるでしょう。

女 結果を気にせず刺激を求める

女性は脳が高感度なので、ミーハーで新しいもの好きです。できるだけ行ったことのないお店に行って、新しい体験がしたいと思っています。**どんなサービスが受けられるのか、どんな料理が出てくるのか。「どんなことが起こるかわからない」こと自体が楽しみなのです。**だからこそ、男性が新しい店に連れて行ってくれると「初めて！」と喜びます。ささいなことにも刺激を求めがち、とも言えるでしょう。

デートの際、男性は「はずれの店だったらどうしよう」と怯えますが、**女性はそれほど結果を気にしません。内容よりも、新しい体験ができることが嬉しいのです。**確かに気のきかない店だった場合、心の中では「イマイチだな」と感じるかもしれませんが、それでも「行ったことのないお店を予約してくれた」という男性の気遣いを評価します。

ですから、お店を選ぶときは、ぜひとも女性が行ったことのないお店をリサーチして予約を取り、彼女を喜ばせましょう。

男にはこう言え!

いつものお店を提案し、安心させる

OK

いつものあそこ、行こうよ!

NG

おしゃれなお店に連れてって!

女にはこう言え!

新しいお店、話題のお店へ誘う文句を

OK

〇〇に新しくできたお店、行こう!

NG

いつものファミレスでいいよね

男 は黙る
女 は泣く

男 考えることに集中するため、黙る

ケンカをすると、たいていの男性は「沈黙」します。男性は、脳の仕組み的にいくつものことを同時に行うことが苦手なので、考えながら話すことができないのです。つまり、**黙りこくっているのではなく単にしゃべれなくなっているだけ。**

また、この沈黙は失言を防ぐためのディフェンスとも言えます。**下手に口を開いて不利になることを言ってしまったり、感情に任せて相手を傷つけたりという事態を防ぐ冷静な作戦なのです。**

さらに、昔からの家庭での教育も影響しています。男性は「男は感情を表に出すべからず」と育てられている場合が多いもの。「悲しい」「イヤだ」「腹が立っている」というような生身の感情を吐露することに抵抗があるので、男性は仕方なくキレがちに「だんまり」を決め込むのです。ですからケンカをして、男性が黙り込んでもうろたえる必要はありません。逆に、もしあなたが泣いてしまった場合は、「気にしないで」と安心させてあげてください。

女 思わず泣いてしまうが、意味はない

女性の「涙」は、汗のようなもの。「泣いてるのに放っておけない」と思うかもしれませんが、特に意味はなく、女性たちは悲しんでいるわけでも怒っているわけでもありません。**感受性が強いため、いろいろな感情が一気に押し寄せてきてコントロール不能になり、一種のパニック状態に。つまり感極まって泣いてしまっているだけです。**

「涙は女の武器」のように言われることも多く、実際女性に泣かれるとうろたえる男性が多いため、「わざと泣いているんじゃないか」と勘繰る男性もいますが、多くの女性はそこまで考えて泣いているわけではないのです。

脳科学的にも、涙は心を落ち着かせる作用があると言います。**泣くことによって、冷静になろうとしているのでしょう。**

ケンカをして、女性が泣いてしまった場合でも慌てず、淡々と対応することが大切。いっぽう、あなたが黙って考えたいと思った場合は、「考える時間がほしい」などと告げ、不要なトラブルを回避しましょう。

男にはこう言え！

涙に深い意味はないことを告げ、安心させる

NG

……（突然泣き出す）

OK

泣いちゃってごめん。気にしないで

女にはこう言え！

黙る理由を伝えて、不安にさせない

NG

……（いきなり黙り込む）

OK

ごめん、ちょっと考えさせて

男は浮気した女を非難する
女は浮気相手の女を非難する

男 浮気相手に負けたと感じる

女性に浮気をされたとき、男性は浮気をした彼女をネチネチと正論で責めます。**浮気をされた時点で、彼女の心をつかんだ浮気相手の男に対して「負けた」と引け目を感じ、より身近な弱い人間＝彼女を攻撃するのです。**

「自分の魅力が相手の男に劣る」と感じた男性のプライドはズタズタ。「裏切り者！」と彼女を攻撃していないと、残ったわずかなプライドを保つことができないのでしょう。

ですから、もし男性に浮気がばれたときは、「さみしかったから」と逆ギレしましょう。「あの男に負けたわけではない」という男性が信じたいストーリーに乗っかることで、うまくいけば、うやむやにできます。

また、男性で「浮気性」などと呼ばれる人は、遊びの浮気がやめられない人。恋愛でいちばんテンションが上がる「セックスまで」の段階が楽しくて、彼女や妻がいてもつい口説きゲームに興じてしまうのです。

女 悪いのは彼じゃないと思い込もうとする

男性の浮気が発覚したとき、女性が責めるのは浮気相手の女性です。「あの女がたぶらかしたんだ」と責め、「彼は騙されただけ」と彼氏を擁護するのです。

彼氏を信じているとも言えますが、やはり女性も、**「自分の魅力が相手の女性に劣るのではなく、魔が差しただけ」と思い込むことで、自分の心を守ろうとしているのです。**

ですので、もし女性に浮気がばれたときは、女性が信じようとしている「浮気相手の女が悪い」というストーリーに乗っかって謝罪するのがいいでしょう。うまくいけば許してもらえます。

そして、女性にも「浮気性」と呼ばれる人はいますが、男性に比べると少数。というのも、女性は基本的には心を許した相手としかセックスをする気になれないので、遊びの浮気に不向きなのです。そのため、**女性が浮気をした場合は結構な割合で「本気」。**さらに、体を許すと愛着が増すのも特徴なので、セックスがきっかけで本気になってしまうこともよくあるようです。

男にはこう言え！

逆ギレしてうやむやにする

OK

私がどんな気持ちだったか、わかる？

NG

ごめんなさい、彼が優しかったから……

女にはこう言え！

女性の思い描くストーリーに乗っかって謝る

OK

魔が差したんだ、ごめん

NG

もともと仲のいい子で、相談に乗っているうちに……

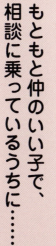

男 は別ファイル保存
女 は上書き保存

男 元カノコレクションを眺めたい

男性にとってつき合った女性は、ある意味自分の大切なコレクションです。

愛着があり、どんな別れ方をしていようとも「お気に入り」であることには変わりありません。そのため、男性は元カノとの思い出の品や写真をなかなか処分しようとしませんし、人によってはたまに持ち出してきて、思い出に浸ったりすることもあります。過去の自分を元カノに投影しているのです。

また、**「経験人数は男の勲章」という考えを持つ男性はいまだにいます。**他人に誇るべき武勇伝として、ひとつひとつの「元カノファイル」を大切にしているとも言えるでしょう。

男性は女性にも、「今まで何人とつき合ってきた？」とふいに尋ねることがあります。女性は、多すぎたり少なすぎたりしない「彼氏向け」の回答を用意しておく必要があります。

女 元カレのことはどうでもいい

女性は、そのときそのときの目の前の相手をいちばん大切に思っています。

そのため、**別れてしまえば元カレのことは「どうでもいい」と感じます。**完全に無関心になるのです。俗にこの状態を「上書き保存」と呼びます。女性は非常に記憶力がいいので、思い出を本当に忘れてしまうわけではないでしょう。彼女たちの頭の中では、ファイルやフォルダなどではなくメモ書きのような形で思い出が保存されていて、そこには無数の細かいタグ付けがされています。

そして、**元カレのことなど思い出す必要もないので、普段は「忘れた」「上書き保存した」のと同じ状態になっているけれど、いざとなれば容易に引き出すことができる。**

男性に比べて記憶しているデータ量が多いため、「○番目のあと」などと整理はされていませんが、本人は何の不便もなくアクセスし、当時の情景や気持ちまでありありと思い出せるというわけです。

もし女性に過去の恋愛について尋ねられたら、「連絡も取ってない」と言い張りましょう。「思い出好き」を知られないようにする気遣いが大切です。

男にはこう言え!

恋愛経験は多からず少なからずをアピール

OK

つき合うと長いから、3人かな

NG

どうだろう？ 忘れちゃった

女にはこう言え!

元カノは思い出さないというスタンスを貫く

OK

そんなに多くないし、今は君だけだよ

NG

たまにSNSで見かけるんだよね

男 は違いがわからない
女 は違いなんてどうでもいい

男 希少価値、伝統……「うんちく」が大好き

男性は「うんちく」を語るのが大好き。時計、車、グルメなどあらゆる分野で「こだわり派」と呼ばれる男性がいますが、彼らは自分の感覚で善し悪しが判断できないので、スペックやデータ、ランキングに頼ります。

「こだわる」というよりは、そうした客観的な指標に裏打ちされて初めて、「正しいもの」と安心できるのです。指標に照らし合わせることで違いを発見・理解でき、ますますこだわるようになる。こうして「○○マニア」ができあがっていきます。

「みんなが好きな女」を好きになるのと似た心理で、プレゼントをもらうときも、**「人気ナンバーワン」「希少価値」「伝統のブランド」など、ベタでわかりやすいものを喜びます。**評価しやすい長所があると、「それならいい品なのだろう」と納得できるからです。

知り合って間もない男性へのプレゼントは、とりあえずブランド物を贈るといいでしょう。「一流ブランドが似合う」と持ち上げて、いい気にさせるのです。

女 自分の心を動かすポイントがあるかどうかで判断

女性は、男性に比べて感覚が鋭く、スペックやデータなどを見なくても直感的にモノの違いがわかります。

そもそも違いがあるのは当たり前で、そんなことはどうでもいい。それよりは**「かわいい」「かっこいい」など、自分の心を動かす「グッとくる」ポイントがあるかどうかのほうがよほど大事なのです。**「好き」「嫌い」という主観による判断なので、気分によって変わることもしばしば。

そんな女性が喜ぶプレゼントといえば、本当にほしいもの。しかし、毎回「何がほしい？」と聞かれると、「味気ない」と感じますから、男性にはあえて最初の2～3回は自分の責任でプレゼント選びにトライしてもらいたいものです。**「はずれ」でも、女性はそこまで落胆しませんし、サプライズ好きなので、「予想外のプレゼント」を楽しんでくれます。**

「君のために一生懸命選んだ」という熱意が功を奏すので、店員さんとのやりとりなど、苦労話とともにプレゼントを渡すとより心を打つでしょう。

男にはこう言え！

スペックやデータなどのうんちくを添える

OK

○○っていうブランドで、
あなたに似合うと思うの

NG

ステキでしょ！
お店で一目惚れしたの

女にはこう言え！

センスがわからないうちは、熱意でカバー

OK

よくわからなかったけど、
がんばって選んだんだ

NG

○○というブランドで
限定品なんだ

男は分析されたくない
女は言い当てられたい

男「上から」ものを言われるのが大嫌い

一般的に男性は、誰からも分析されたくないと思っています。自分のプライベートや恋愛を他人に知られるのがすごくイヤ。

また「分析」とは、どこか「上から」の行為でもあります。**自分のことを「上から目線」であれこれ言い当てられる状況は、男のプライドが許しません。**そのため、普段の会話でも、彼女から「あなたって○○だよね」と指摘されることを嫌います。その内容が当たっていてもそうでなくても、分析されること自体が我慢ならないのです。

そして、**男性がもっとも不機嫌になるのは、分析かつダメ出しをされる場合。**「あなたは頑固だからもっと素直になったほうがいい」など、たとえ女性が男性のためを思って言っていても、腹を立てるばかりで耳を貸すことはありません。

指摘したりアドバイスしたりしたいときは、「そこがいいところだけど」「いい意味で」など、伝えたあとで必ずフォローを入れるようにしましょう。

女「私のことをわかってくれている」感に弱い

女性は、他人から自分がどう見えているのか気になるし、「言い当てられたい」「分析されたい」という願望もあります。**他人から「こういう人間だよね」と言い切られることで、自分を発見したような気持ちになるのです。**

そんな女性には、気づいたことをどんどん指摘してあげましょう。彼氏からも「君ってこういう人だよね」と言われると「私のことをわかってくれている」と嬉しくなります。もちろん、まったくの的外れだと「全然わかっていない」という真逆の評価になるので、ちょっとしたコツが必要。

たとえば「意外と気が強いところがあるよね」「たまに寂しがり屋になるね」など、曖昧な表現で多面性を指摘するのです。すると、完全に気の弱い人も、寂しいと思ったことがない人もいませんから、ほとんどの女性は「言い当てられた」と感じます（心理学で「バーナム効果」と言います）。

また、**前面に表れている性格とは真逆のことを指摘されると、「見抜かれている感」を強く感じる**ので、慣れてきたらトライしてもいいでしょう。

男にはこう言え!

つい指摘してしまったら、必ずフォローを入れる

NG

その○○な性格、
直したほうがいいよ

OK

あなたって○○だよね。
そこがいいところなんだけど

女にはこう言え!

曖昧な表現で相手の多面性を指摘する

NG

○○だなんて単純だなぁ

OK

君って意外と
○○なところもあるよね

「人気」と「相性」

男性は「みんなから人気のある女性」が好きなので、女性の外見に強く反応します。身も蓋もない話ですが、男性にモテたければまず外見を磨くのが近道。

いっぽう、女性は「自分が好きな男性」が好きなので、どんな男性にもチャンスがあります。しかも他人が見向きもしない男性のほうが「私のセンスがより濃く反映された男」として誇らしい気持ちに。

女性がよく言う「好きになった人がタイプ」というのは、本当に本当なのです。

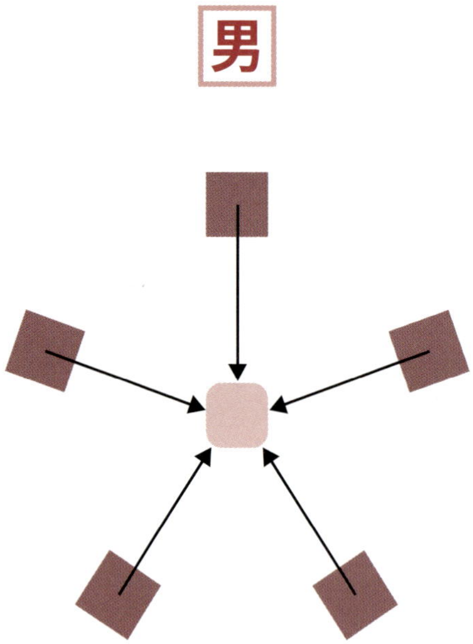

男はみんなから人気のある女が好き

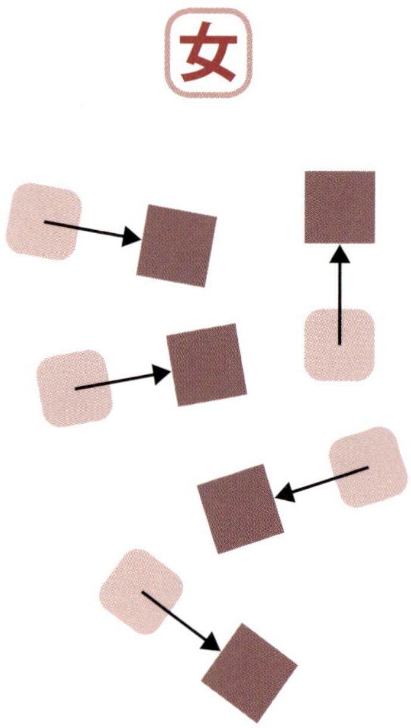

女は自分とセンスが合う男が好き

第3章

結婚／家庭編

家庭では女が社長、
男は部下

次のテーマは「結婚／家庭」です。

結婚とは、大恋愛の末結ばれた男と女が、ラブラブムードのままずっと仲良く生活を共にすること。……ではないことは、あなたもうすうす気づいているでしょう。

恋人同士のときは見過ごしていた（見ないフリをしていた）男女の違いが、ひとつ、またひとつと気になってくるのが結婚生活です。そうしたズレを、「愛」などという言葉でごまかそうとすると、悲しい結末になりかねません。

そもそも夫婦とは「妻が社長、夫が副社長（もしくは部下）の企業」のようなものです。つまり結婚とは、ふたりで起業するということ。経営方針は家庭によってそれぞれですが、基本的に社長（女）がリードし、社員（男）はそれに従うのがルール。

結婚に甘い幻想を持っている人にとっては、なんとも夢のない話ですが、こうして「家庭＝仕事」と考えることで、夫婦のすれ違いはかなり解消されます。

ひとつ屋根の下に暮らす男と女の、より良いコミュニケーションを探っていきましょう。

結婚しても、男はいつまでも「子ども」です。結婚しても「女」として扱われたい女は、そんな夫にイライラ（p66より）。

男 はプライドを食べて生きている
女 はパンを食べて生きている

男 恋愛と結婚を一緒くたにする

男性は、恋愛と結婚の違いをよく理解していません。仕事とプライベートはしっかり分けますが（職場ではバリバリの「デキる男」なのに、妻や彼女の前ではずぼら、という男性は多いですよね）、恋愛と結婚は一緒くたにします。

そのため、結婚しても自分から何かを変えることはないでしょう。脳の構造上、切り替えがあまり早くできませんし、独身時代・恋愛時代に覚えたルールを捨て切れません。結婚を機に生活を変えようとは思わないのが男です。

独身時代と同じように自由にお金を使いたがりますし、見栄も張りたがります。世間から一目置かれたいし、負けたくない。「プライド」を大事にする生き物ですから、放っておくと、収入に見合わない高い車を買おうとしたり、妻が節約に励んでいるときに、部下に気前良く酒をおごってしまったりします。

貯金ができない男性を動かすには、目的と数値目標を示しましょう。漫然と「節約しよう」と言うだけでは、「え〜」とふて腐れて終わるだけです。

女 恋愛と結婚を切り分ける

一般的に、女性は結婚すると現実的になりすぎる傾向があります。結婚した男たちから、「つき合っていた頃はあんな子じゃなかったのに……」「結婚したら急にお金にシビアになっちゃって怖いよ」などの愚痴を聞いたことがありませんか？これは多くの家庭で起こる現象です。

なぜかというと、**女性は結婚・出産をすると、家族と子どものことを第一に考えるようになるからです。**子どものためにどれくらいのお金が必要で、家を買うなら、車を持つなら……と計算し、家計を切り詰めて備えようとします。

ちなみに**女性は、結婚式を境に現実モードに突入することが多いようです。**夢のような結婚式、新婚旅行が終わったら、恋愛からは卒業。新婚時代はいざしらず、遅くとも出産すれば「母」となり、現実モードに突入します。

貯金に励む女性から、買い物の同意を得るには、あれこれと言い訳して権利を守るのではなく、代わりにどんな貢献をするかをアピールしましょう。相手にとっての実益に訴えるのです。

男にはこう言え!

目的と数値目標を示す

OK

○○のために、△△までに、
●●円貯めよう

NG

少しは節約してよね!

女にはこう言え!

相手にとっての実益を訴える

OK

代わりに○○するから、
買ってもいい?

NG

最後のひとつだから
買っちゃった

男 は使えないものを集める
女 は使えそうなものを捨てられない

男 とにかく揃えたい！　収集すること自体に意味を見出す

男性の部屋にずらりと飾られた「ペットボトルのおまけ」「似たようなデザインの腕時計」……。「収集癖」が重症なのは、どちらかというと男性です。

狩猟本能があるため、何かを「狩って」、自分の「巣」に持ち帰ることで満足感が得られるのです。また、自分のお気に入りの「趣味のモノ」に囲まれるだけでは飽き足らず、独自の世界観をつくり上げ、演出・アピールしようとする傾向もあります。棚に飾って見せびらかす人が多いのはこのためでしょう。

このような収集癖が発揮された結果、おもちゃや趣味のモノで部屋が埋め尽くされていきます。とりわけ「全30種類」などといったゴールを設けられると、「ミッションだ！」と感じ、収集癖に火がつきます。さらに、「レアアイテム」や「期間」「個数」の限定モノは、コンプリート欲を加速させていきます。

男性が集めている物が不要で、処分したいときは、無理やり捨ててはいけません。「そんなに大事な物なら、壊すといけないからあっちへ移動させていい？」など徐々にしまっていき、飽きるのを待つといいでしょう。

女 まだ使える！　集めるというより捨てられない

女性の部屋のクローゼットに眠るのは、「流行遅れの服」や「ショップ袋」、キッチンの棚を占領するのは「大量の空き瓶」――いわゆる「使えるもの」です。

とはいえ、流行遅れの服をまた着るときがくるのか、空き瓶に入れるべきものはあるのか、紙袋は1つか2つあれば十分じゃないか……と検証していくと、結果的には男性と同じく「いらないモノ」を集めていることになります。

女性の場合は「集める」というより、「使えそうなものを捨てられない」と言ったほうが正しいでしょう。喜んで集めているわけでもないようです。

こういった女性心理に訴えかけるのが、女性ファッション誌によくついてくる「おまけのポーチ」。「いつか使える！（……かも）」と感じて、本当はいらないポーチ目当てに、読みもしない雑誌を買ってしまうのです。

「こういうときに便利だ」「あれが壊れたら出番がくる」などと想定している女性には、「そのときがきたら、新しいのを買おう」と説得すると良いでしょう。

男にはこう言え!

徐々にしまっていき、飽きるのを待つ

OK

一旦、しまっていい?

NG

これ、ジャマだから捨てるよ

女にはこう言え!

「そのときがきたら買おう」と説得する

OK

必要になったら
また買ってあげるよ

NG

ワンピースなんて、
もう着ないでしょ

男 は子どもでいたい
女 は女でいたい

男 一生子どもでいたい。女性に母親役を求める

基本的に男性は、一生子どものままです。女性のように子どもを産み、育てるという経験をしないため（育児に熱心な「イクメン」もいますが、出産・授乳はできませんよね）、いつまでも成熟せず、気分は子どものままなのです。

どんなに男性が大人ぶっていても、心の底では「大人になんかなりたくない」「遊んでいたい」と思っています。

そして、男性は全員、多かれ少なかれマザコンです。**いくつになっても、どんな立場にいても、近しい女性に母親役を求めて甘えます。**外ではビシッと仕事をこなす男性が、家では「靴下どこにある？」と自分の服の置き場所さえわからない「だらしない夫」に豹変してしまうのは、妻に「母親役」を求めて甘え切っているから。結局、男性がいちばん好きな女性は「自分が何をしても優しく見守ってくれるお母さん」なのです。

そのため、夫婦円満にやっていこうと思ったら、小さい子に聞くように「今日はどんな一日だった？」と男性にその日のことを聞くのが効果的。そして、男性が話し出したら、「すごいね！」「やるじゃん！」と褒めちぎりましょう。

女 一生女でいたい。母親役を求める男にイライラする

女性は、いつまでも女でいたいと思っています。「母性」一色になるのは、子どもがある程度育つまでの一時的なこと。**子どもを産み、育てる責任として、子どもの手が離れるまでの間だけ「母」になるのです。**

そのため、子どもが育ってくると「○○ちゃんのお母さん」「○○さんの家の奥さん」と呼ばれる自分に違和感を感じ始めますし、セックスレスなのも不満。夫が自分のことを「お母さん」「ママ」と呼び、自分が面倒を見なければならない状況にも違和感を感じます。「母」に入っていたスイッチが徐々に「女」に戻るからです。あるいは、**マルチタスクで多面的な女性は、「母」も「女」も同時に易々とこなしているとも言えます。**ですから夫婦円満にやっていくコツは、会話の中に「ふたりで」「デート」など、恋人同士が使う言葉をあえて入れることです。いつまでも女性として見ていることをアピールしましょう。

男にはこう言え!

子どもに尋ねるのと同じように聞いてあげる

NG

家で仕事の話はしないで

OK

今日、仕事どうだった?

女にはこう言え!

恋人に語りかけるような言葉を選んで使う

NG

ママ、靴下どこ?

OK

たまには、ふたりでデートしようよ

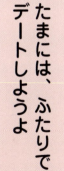

男はモノタスク
女はマルチタスク

男 家事や子育てにおいては指示待ち人間

昔の日本の家庭は非常にシンプルでした。「男子厨房に入らず」などという言葉もあるほど家庭内での分業が進んでいたため、夫は仕事をし、妻は家事や子育てに専念すれば良かったのです。

ところが、「共働き」がスタンダードの現在ではそうはいきません。しかし、**右脳と左脳の連結が弱い「モノタスク」な男性の脳では、洗濯、料理、掃除、育児などさまざまな作業を並行して行うなどとうていできません。**

「ケースバイケースで」「臨機応変に」対応するというような気のきいたこともできないので、家事において、夫は完全に「指示待ち人間」になります。

中には、家事そのものに非協力的な夫もいます。しかし、「私は出勤時間が早いから、ゴミ出しはあなたの担当ね。洗濯はやっておくから」など、夫が家事をすべき合理的な理由を示し、「ミッション」と認識させるとやってくれるかも。

そして、「何をどのように進めればいいか」という指示は、男性が具体的にイメージできるよう細かく伝えましょう。「ここまで言うか⁉」と思うほど懇切丁寧な説明が必要です。

女 家事や子育て向きな脳の持ち主

女性の脳は、右脳と左脳の連結が強い「マルチタスク」なので、複雑な作業を同時進行するのに向いています。つまり、**家事や子育ては女性に向いている行為と言えます。**

たとえば、洗濯機を回しながら朝食をつくり、子どもが元気よく、ちゃんとごはんを食べているか観察して、夫に忘れ物がないか確認し、横目でニュース番組を見る……というような、**お母さんが普通に行っている作業は、脳が「マルチタスク」だからこそできること。**

「男は外、女は内」という構図は、適材適所でもあったのです（もちろん、女性が外での仕事に向いていないという意味ではありません）。

家事については、男性は女性に指示を仰ぐようにしましょう。言われるまで待つのではなく、進んでできることを探しにいく姿勢が好評価を得られます。

男にはこう言え!

子どもにお手伝いを頼むように丁寧に言い含める

NG
なんで××してないの!?
OK
○○を△△にしたいから、××してくれる?

女にはこう言え!

仕事同様、家事もすすんでやることを探しにいく

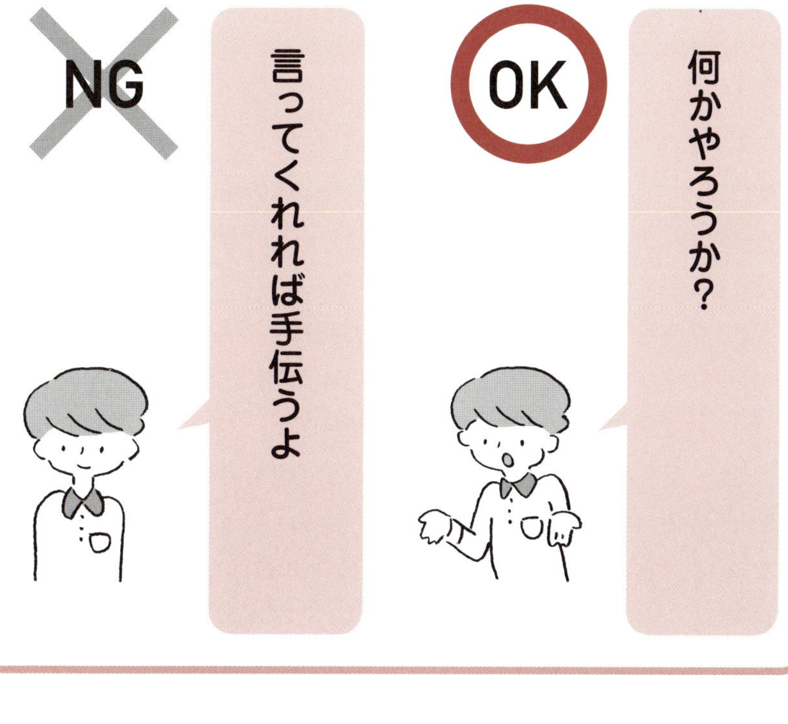
NG
言ってくれれば手伝うよ
OK
何かやろうか?

男はボーッとしている
女はイライラしている

男 家では気を抜いて完全なリラックス状態

家にいるときの男性は、いささかぼんやりしすぎているようです。もともと察しが悪く気がきかない上に、結婚すると妻を母親のように感じるため、ついつい甘えが出るのでしょう。一説によると、ボーッとしているように見える間、男性の脳のイメージ領域（右脳）はフル回転していて、何事かを考えているそうです。脳が高速で働きすぎて、それ以外の動きが停止している"スリープ状態"なのだとか。となれば、一応は「必要な時間」と言えますが、高速で情報処理できる女性は「考え事くらい、何かしながらでもできるでしょ」と感じてしまいます。

忙しく家事をする妻を尻目にボーッとテレビに見入ったり、やっと活動的になったかと思えば趣味のために出かけてしまったりするので、家族からは「お父さんはダメな人」と認識されることに。

家でボーッとしている夫を見かけたら、暇と決めつけ、いきなり家事を頼むのではなく、まずは「どうしたの？」とひと声かけましょう。そして、「どうもしないよ」と再起動したら、家事を頼むと良いでしょう。

女 いろいろなストレスを抱えて気疲れしている

女性は、家の中では大体イライラ、ピリピリしています。家計のこと、子どもの進学のこと、ご近所との人間関係……とストレスの種は尽きません。また、**いろいろなことに気がつく（気がついてしまう）ため、必要以上のストレスを抱えて気疲れしてしまうことも多いようです。**

しかし、**気が回らない夫には妻の不機嫌の原因がわからないので、ただただ「イヤだな」「怖いな」と感じます。**居心地がいいはずの家で妻がイライラしていると、「リラックスしたくて家に帰ってくるのに、憂鬱だな」と夫はげんなりするのです。

結果的に、家に帰りたくなくなり、家庭以外の楽しみに夢中になったり、最悪の場合、不倫相手に安らぎを求めたりするようになります。そんな夫の行動を「仕方がない」とは言いませんが、「妻にまったく責任がない」とも言えません。

男性側はまず、きちんと妻の様子を察することです。その上で、イライラしていると思ったら、「どうしたの？」とひと声かけて反応を待ちましょう。

男にはこう言え!

ボーッとしている夫をまずは気遣う

NG

ヒマなら
お風呂掃除ぐらいしてよ!

OK

どうしたの?

女にはこう言え!

妻の様子を察した上で、ひとことかける

NG

イライラするなよ!

OK

どうしたの?

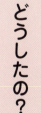

男 は人前で話が長い
女 は気を許した相手に話が長い

男 他人から尊敬されたい

男性が話を聞いてほしいと感じる相手は「他人」です。

男性は「世界に認めてもらいたい」「より多くの人に影響力を与えたい」という欲求があるため、人前で話す機会を与えられると、どうしても話が長くなるのです。特に得意分野、仕事に関わる専門分野だと長くなる傾向にあります。大勢を前にした男性のスピーチは、結局のところほとんどが自慢です。

ちなみに、台本通りただただ話せばいい「スピーチ」は、男性好みのコミュニケーションです。「時間内におさめる」といったミッションも、ある種の達成欲をくすぐるのでしょう。その代わり、ウケた・ウケないなど、相手の反応はお構いなしです。

しかし、そんな**「話したがり」の男性も、妻の前ではとたんに無口になります。**家ではリラックスしたいので、おしゃべりのエネルギー自体を節約するのです。

夫と会話する際の基本スタンスは「応援」です。「さすが」「すごい」といった言葉や、感じた素直な感想を伝えるといいでしょう。

女 身内に共感されたい

女性が話を聞いてもらいたい相手は「身内」です。

女性はおしゃべり自体が好きですし、話すことで「ストレスを解消したい」「共感し合いたい」と思っています。そのため、夫や子ども、親しい女友達など、気を許した相手ほど長話をする傾向にあります。

逆に、人前できちんと目的を持ってプレゼンやスピーチをするのは、不慣れ。しかし、結婚式などで、新郎新婦の涙を誘うような名スピーチをするのはたいてい女性です（エピソードがあちこちに飛んで、身内以外はわかりにくいという欠点もありますが）。自慢しよう、アピールしようという邪念がないので、すんなり聞く人の耳に届くのでしょう。

家で妻と会話する際には、「味方になって共感する」が基本スタンスです。また、男女ともに当てはまる“話を聞くコツ3か条”として、「1　アドバイスをしない」「2　話の腰を折らない」「3　他のことを考えない」が挙げられます。

男にはこう言え！

基本のスタンスは応援する

NG

へー、でも
もっと○○したら？

OK

そうなんだ、すごいね！

女にはこう言え！

基本のスタンスは味方になって共感する

NG

君にも悪いところが
あったんじゃない？

OK

……そうだよね、わかるよ。
……確かに

男は変わりたくない 女は変えたい

男 わけもなく変化に抵抗する「プライドが高い部下」

男性は新しい環境に対応するのが苦手ですし、まったく変身願望がありません。むしろ、かたくなに「自分を変えたくない」と思っている生き物です（成長はしたいと思っていても）。

そういう彼らは、プライドが高いばかりで仕事ができない新入社員のようなもの。**わけもなく自分のやり方に自信を持っているので、こちらがどんなに良いアドバイスをしても耳を貸しません。画期的なルールをつくっても、必死になって従来のやり方にしがみつき、抵抗したりします。**

「自分を変えるのは負けるのと同じ」と思っていますし、自分が新しいルールに慣れるのに時間がかかることを知っているので、「そんな苦労はしたくない」と考えるのです。

男性に新しいルールを受け入れてもらいたいときは、理由をなるべく論理的に説明し、わかってもらうことが必要です。面倒くさければ「いいからやって！」もありですが、その分失う物も大きくなります。

女 大体正しいことを言う「世話好きのデキる上司」

女性には変身願望があります。実際、脳の構造上、切り替えが早いので、変化に対応するのはお手の物です。また多くの働く妻たちは、会社でいつも男性のルールに合わせて仕事をしています。ですから、**家にいるときくらい、夫に自分のルールに合わせてほしいと感じるのも仕方のないことでしょう。**

たとえば「結婚するのだから、もう浮気はしないだろう」「結婚したら、もう少し計画的にお金を使ってくれるんじゃないか」「子どもができたら、仕事ばかりじゃなく家族のための時間をつくってくれるはず」など、男性が変化することを期待してしまいます。しかし残念ながら、男性は一度つくり上げた自分のやり方をなかなか変えようとしません。つまり**女性は、相手が変わってくれることを前提に結婚してはいけない、ということです。**

男性は、家庭では上司にあたる女性の言うことは、逆らわずに聞きましょう。少なくとも「やる気」と「従順な姿勢」は見せてください。

男にはこう言え!

理由を説明し、理解してもらう努力をする

OK
○○のほうが効率的じゃない?
NG
いいから、とにかく○○して!

女にはこう言え!

やる気と従順な姿勢をアピールする

OK
一生懸命がんばります!
NG
俺には俺の
やり方があるんだよ

男 は謝れない
女 は忘れない

男 プライドが邪魔をする

男性はプライドを大切にする生き物です。そのため、ケンカをしても「謝ったら負け」などとつまらないことを考えて、なかなか謝ることができません。

そんな男性に対して、自分が正しいからと、退路を完全に断って追い詰めてもろくなことはありません。「言いすぎた」「私がもっと早く言えば良かったね」など、無理にでも自分の非を認めるほうがうまく仲直りできます。

また、女性は記憶力がいいので、ケンカをしているときに「3年前の記念日にも10分遅れてきたじゃない！」などと昔のことを持ち出して、完全に忘れている男性を困惑させることがあります。過去のことを忘れられないのは仕方がありませんが、**ケンカ中は目の前の問題に集中しましょう。**

そして、男性がプライドを捨てて「ごめんなさい」と謝罪してきたら、「許す」ではなく、**自分が悪くなくても「私も悪かった。ごめんなさい」と返してください。**

女 記憶力が邪魔をする

女性は「プライドなどどうでもいい」と思っているので、自分が悪いと納得すれば（あるいはそのほうが丸く収まるなら）すぐに謝ることができます。いっぽうで、**相手が悪い場合、謝られてもなかなか水に流すことができません。**記憶力がいいせいで、引きずってしまうのです。数年前の夫のミスもしっかり覚えていて、すぐに当時の不快な気持ちを思い出し、つい涙してしまうことも。

男性は、妻のことを「何でも許してくれるお母さん」のように思っていて、甘えが出てしまいがちですが、仕事でミスをした場合、上司に謝らない人はいないはずです。妻のことも上司だと思って、同じように対応してください。

そして謝るとき、言い訳や説明をするのではなく、まずは「不快な気持ちにさせたこと」を謝りましょう。**妻の心に響くよう、感情面に訴えかけるのです。**言い訳や弁解をするのはそのあとです。

たとえば記念日に早く帰れなかった場合は、「ふたりの記念日のために準備してくれていたのに、君に悲しい思いをさせてごめん」が正解です。適当に「ごめん、ごめん」などと謝ると、「何がごめんなのか、言ってみて」と問い詰められます。

男にはこう言え!

自分は悪くないと思っても、「ごめん」と返す

OK

私も、ごめんね

NG

だいたいあなたはいつもそう!

女にはこう言え!

相手の感情にフォーカスを当てて謝る

OK

嫌な思いをさせてごめんなさい

NG

帰ろうと思ったら、仕事を頼まれちゃって……

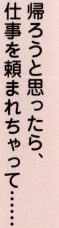

「タスク管理」

男性はモノタスク（ひとつの作業を行う）で、最初のタスクを完璧に仕上げなければ、次のタスクに取りかかれません。

いっぽう、女性はマルチタスク（たくさんの作業を行う）で、いろいろなことを同時並行で行います。

そのため、会話もしばしば別の話へと急にジャンプしやすく、男性を置いてきぼりにすることもしばしばです。

男のタスク管理

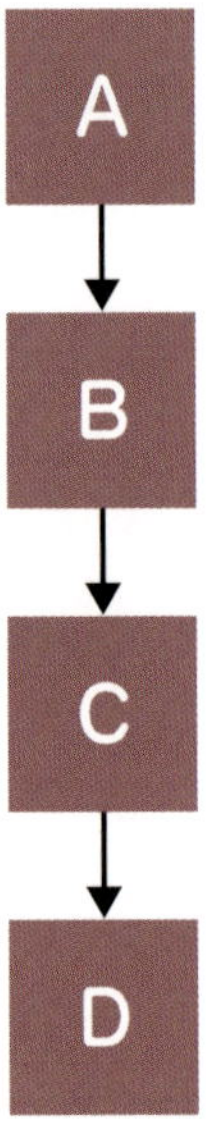

男はモノタスク

女のタスク管理

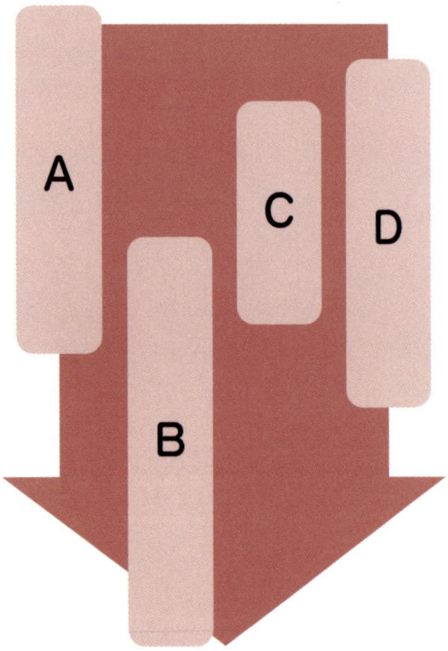

女はマルチタスク

第4章

仕事／職場編

ビジネスは男のルールでできている

最後のテーマは、「仕事／職場」です。

ビジネスは、「勝ち負け」がはっきりするシビアな世界。部下ならバンバン命令されますし、上司になれば人を動かす必要もあります。

また、女性が男性と同じように仕事をするようになってからの歴史が浅いため、男性のルールで動いている部分も大いにあります。そのため、横社会で仲良くするのが好きな女性よりも、縦社会でゴリゴリ出世を目指す男性のほうが、今のところビジネス向き。

ですから、仕事／職場では女性が男性のコミュニケーションに合わせたほうがスムーズでしょう。

もちろん、男性が女性のコミュニケーションを学ぶことで、職場の雰囲気が和やかになることもあります。「男は変わらなくていい」ということではありません。理想は、男女のコミュニケーションの「いいとこどり」です。

職場の人間関係をよりよく保つには、どんなコミュニケーションをすればいいのでしょうか。じっくり考えていきましょう。

ビジネスは男（野球）のルールが主流。ままごと遊びで育った女性は、なかなかなじめません（p86より）。

SCENE 28
仕事の原動力①

男はギラギラしたい 女はキラキラしたい

男 肩書き、年収、一流企業……ゲームのように出世を追い求める

「人生のすべて」という思いで仕事に取り組む男性は、貪欲に「出世」を追い求めます。流行したドラマ『半沢直樹』の「ギラギラ」した世界がまさにこれです。策略を張り巡らし、他人を出し抜き「倍返しだ！」というわけです。

肩書きを得たり、年収が上がったり、よりブランド力の高い大企業に転職したり――「出世」の捉え方は人それぞれですが、**とにかく人から「すごい」と言われたい。うらやまれる存在になりたい。権力を持ちたい。人の上に立ちたい。**母親に褒められたくて勉強していた子ども時代と、基本的には変わりません。

ですから定年後、仕事がなくなると「もう俺には何もない」と途端に老け込む男性が多いのです。

男性をやる気にさせたいときは、男性のギラギラにつき合ってあげましょう。「これは、負けられないですね！」など相手のテンションに合わせた言葉をかけるといいでしょう。

女 自分がキラキラ輝ける職場でみんなと仲良くしたい

多くの女性が仕事に求めるのは「やりがい」です。仕事内容そのものが楽しいか、誰かの役に立っていると感じられるか、自分でなければできない仕事か。人間関係や風通しといった職場の雰囲気や、将来を考えて育休産休制度、福利厚生を気にする人もいます。つまり、**自分が「キラキラ」輝いていられる仕事・職場かどうかを見ているのです。**

心の底では、みんなと楽しく「ままごと」がしたいと思っているので、出世には興味がありません。誰かを出し抜いて仕事で成果を出しても、それによって女子グループの中で肩身の狭い思いをするなら、大失敗。そのため、大きな仕事を意図的に避ける女性もいます。

仕事とは一定の距離を置いてつき合い、仕事以外の楽しみや人間関係も育めるため、仕事を辞めても、スムーズにセカンドライフに踏み出せます。

そのような女性をやる気にさせるには、「ぜひ○○さんのセンスを発揮してほしい」など、女性のキラキラにつき合ってあげる余裕を持つことです。

男にはこう言え!

ギラギラにつき合ってあげる余裕を持つ

NG

それって私の仕事ですか?

OK

絶対に勝ちにいきましょう!

女にはこう言え!

キラキラにつき合ってあげる余裕を持つ

NG

気合い入れてがんばろうぜ!

OK

これは○○さんにしか
頼めない仕事だから

男は権力を与えれば喜ぶ
女は安定を与えれば喜ぶ

男 何でもいいから肩書きがほしい

「出世したい」と目をギラギラさせる男性へのいちばんのご褒美は、「昇進」です。主任、係長、課長、部長……と昇進するにつれ、会社における自分の影響力が強まり、動かせるプロジェクトが大きくなっていくのが嬉しくてたまらないのです。自分にどれくらいの「権力」があるか確認したいので、「肩書き」にもこだわります。**上司から「よくやってるね」と褒められるよりも、一時的でも「このプロジェクトのリーダーだ」と肩書きを与えられることを喜びます。**

男性がほしがる「肩書き」には、大きく分けて２種類あります。ひとつ目は、**一国一城の主。小さくても自分の会社を持ち、「社長」としてすべてを采配したい。**ベンチャー企業の社長が代表的な例です。もうひとつは、**誰もが知る「大企業」のブランド力。**事業内容より社名やブランドに魅力を感じている人が多いようです。

男性には、曖昧でもいいので、権力と肩書きを与えましょう。それだけで働くモチベーションがグンと高まります。

女 「ずっと働いてほしい」と言われたい

女性は男性よりリアリストです。形ばかりの肩書きには魅力を感じません。

女子学生も、男子学生と同じように大企業や有名企業を目指しますが、彼女たちがほしがっているのは、満足のいくお給料、充実した福利厚生制度、将来的に必要な産休・育休などの子育て支援体制……と、**大企業ならではの「安定」です。**

ちなみに、結婚と就職はよく似ていて、多くの女性が結婚相手に選ぶのは、今はイケイケでも「浮き沈みの激しそうなベンチャー社長」より、あまり出世しそうにないけど「安定感のある大企業の平社員」。職場も同じことで、**女性は社内での自分のポジションを安定させることに尽力します。**「ずっと働いてほしい」と必要とされることを何より喜び、会社に自分の居場所があることで満足感が得られるのです。

女性には、「あなたは必要な人材だ」「欠かせない戦力だ」ということを素直にアピールしましょう。安定したポジション、安心して働ける環境が、女性の働くモチベーションを高めてくれます。

男にはこう言え!

曖昧でもいいので、権力と肩書きを与える

NG

○○さんは
縁の下の力持ちですね

OK

○○さんには、プロジェクト
リーダーをお願いします

女にはこう言え!

必要な人材だということを素直にアピール

NG

どこでもやっていけるよ

OK

うちにずっといてほしい

男は結果を重視する
女は過程を重視する

男 勝敗や数字を気にする

子どもの頃から野球をしてきた男性は、「1対2で負けた」「13対2で圧勝した」などの勝敗や得点に敏感です。そのため、**男性を褒める場合は「よく○%増のノルマを達成できたな。君が圧倒的にいちばんだよ」など、勝敗を具体的な数字で強調するといいでしょう。**女性より数字を気にするので、「○%」「○割」という部分が響くのです。

男性は女性と同じようにがんばっていても、準備期間のことはあっさり忘れてしまったりします。そのときの充実感がよみがえることもありません。となれば頼りはデータだけ。曖昧な記憶より、何度でも確認できる結果・数字を大切に思うのは、こういった理由もあるのです。

男性の部下をねぎらうときは、「数字」と「事実」のダブルパンチを熟語のように繰り返しましょう。

女 気持ちやプロセスが大事

ままごとをしてきた女性にとって大切なのは、結果ではなく、「みんなで一丸となってプレゼンの対策をしたこと」や「泊まり込みでイベントの準備をしたこと」など、プロセスの部分です。

もちろんその結果、プレゼンで勝つことができたりイベントが成功したりすれば、嬉しいことは嬉しいのですが、男性ほどの「やった！　勝てた！」という感動はないようです。

それよりは、「あのときはみんなでがんばったよね」「大変だったけど充実感があった」という、チーム全体の気持ちの部分を大切にします。女性の脳は感情もセットで記憶することができるため、当時の気持ちをありありとよみがえらせることができます。

そのため、女性の部下をねぎらうときは、「過程」と「共感」のダブルパンチを熟語のように繰り返しましょう。**「本当によくがんばったよね。徹夜は辛かったでしょ？」など、プロセスに共感して、気持ちにフォーカスを当てた言葉をかけるのです。**

男にはこう言え！

「数字＆事実」を熟語のように繰り返す

OK

○億円の契約取れるなんて、うちの部署初だよ

NG

チームみんなで徹夜してがんばってたもんね

女にはこう言え！

「過程＆共感」を熟語のように繰り返す

OK

いろいろ大変だったけど、楽しかったね

NG

2カ月で○億なんて、社長賞もらえるんじゃない？

男 は褒めてほしい
女 はわかってほしい

男 結果につながった行動を褒める

男性は結果を気にするので、「どんな行動があの結果につながったか」を指摘する褒め方をしましょう。

たとえば「あのプレゼンに説得力があったから、契約が取れたんだよ」「企画書、よく書けてる。この３年で成長したね」といった感じです。

ただし、今挙げたのは上司から部下への「上から目線」な褒め方です。部下以外には使わないようにしましょう。

逆に、**上司や先輩を褒める場合は、事実を指摘するよりも、自分が感じている「すごい！」という気持ちをそのまま強調するほうが効果的。**

「すごいですね！　勝てたのは絶対に先輩のおかげですよ」「○○さんの企画書、やっぱりうまい！」と感動を前面に押し出すことで、「上から目線」を回避するのです。

ですが、基本は、前項でも言いましたが、「数字」と「事実」です。

女 がんばっていた姿勢を褒める

女性は結果よりもプロセスを気にするので、「あなたがどれほどがんばったか知っています」と、努力に共感した褒め方をしましょう。

「休日出勤までして、ホントにがんばったね」「苦手な英語を使ってここまでやるなんて、すごいよ」などと褒めると「いつもあなたを見ていますよ」というメッセージにもなります。

対男性同様に、**相手が同期や先輩なら感動を前面に押し出しましょう。**「休日返上で準備するなんて、尊敬します」「英語でやりとりするのって大変だよね。ホントお疲れさま！」といった具合です。基本の軸となる「過程」と「共感」をうまく組み合わせるのです。

私が考えた「褒めの基本４原則」は、**「1　今までと変化した部分に注目して褒める」「2　その人が自分で気に入っているポイントを褒める」「3　本当に自分がいいと思っている部分だけを褒める」「4　気づいたらその都度褒める」**です。これは女性に限らず、男性にも有効なので、ぜひ使ってみてください。

男にはこう言え!

「数字＆事実」を基本に、上から目線にならない

OK

いやー、○億円。部長のあのひとことで決まりましたね

NG

○億円なんてやるじゃないですか

女にはこう言え!

「過程＆共感」を基本に上から目線にならない

OK

長年の苦労がついに報われましたね!

NG

よくがんばったと思いますよ

男は世界から認められたい
女は世間から認められたい

男　世界中の見ず知らずの人から尊敬されたい

男性が「俺だって認められたいんだ」と主張した場合、その対象範囲はかなり広いものです。**驚くべきことに男性は、「世界中」から認められたいのです。**「認められる」というよりは、「尊敬されたい」「影響力を持ちたい」「『すごい』と言われたい」と表現したほうがわかりやすいでしょう。

「地図に残るような仕事がしたい」「歴史に名を残したい」というのが男のロマン。見ず知らずの人、未来の人からも一目置かれたいのです。

そのため、男性は大きな仕事をしたがりますし、そのためなら、より大きな責任を負うことも厭いません。

また、上司など自分より上位の人間から評価されたい、引き上げられたいという願望も強く、これは、男性特有の「縦社会を登りつめたい」願望と言えるでしょう。

そんな男性同僚の自慢話につき合ってあげるときは、「すごい！」だけでも十分ですが、上司やかわいい女性社員の名前を出して、「○○さんも称賛していたよ」と伝えると、より多くの人に認められたいと実感できるでしょう。

女　隣の席の女性から「いいな」とうらやましがられたい

女性が認められたい範囲は、友達、近所の見知った人、職場なら隣の席の同僚や直接の上司。**男性の「世界」に対して、「世間」とでも言うべき手の届く範囲で、きちんと認められたいのです。**別の言葉で表現するなら、「うらやましがられたい」「憧れの対象になりたい」「『いいな』と言われたい」ということ。

『格付けしあう女たち』（白河桃子著）という本がありますが、このタイトルにある通り、**女同士の世界は相対評価です。**「あの子『より』私の『ほうが』かわいい」「友達に『比べて』私の『ほうが』幸せ」。狭い世界の知り合いを引き合いに出して、片方が上がれば片方が下がる、厳しいランキングづけが日々行われているのです。そのため、見ず知らずの他人の功績にはまったく興味がありませんし、現実味がないほど大きな仕事がしたいという欲もありません。

そんな女性同僚が自慢話をしてきたら、羨望の言葉をとことん浴びせてあげましょう。身近なあなたからの褒め言葉が、何より嬉しいのです。

男にはこう言え!

他人の名前を出して「褒めてたよ」と伝える

OK

○○さんもすごいって言ってたよ

NG

いいなぁ、うらやましい!

女にはこう言え!

とことん羨望の言葉を投げかける

OK

いいなぁ、うらやましい!

NG

○○さんもすごいって言ってたよ

男は会議が好き 女はおしゃべりが好き

男 非論理的な女にイライラしている

男性は、会議で率直に発言せず、なかなか決定しようとしません。その理由は、**出世のことを考えて、「下手なことは言えない」と思っているからです。**バカと思われるかもしれない、まわりに見下されるのが怖い。そういった雑念のせいで、意見があっても、まわりの様子を見てからしか発言しません。

同じ理由で、男性は自由なディスカッションである「ブレスト＝ブレインストーミング」が苦手です。「出された意見に対して決して批判をしない」というのが基本ルールなので、本来は何を言ってもいいはずですが、男性たちは常にまわりをライバル視しているため、「負けられない」と警戒して口をつぐみます。正解しか言いたくないし、話を拡げるのも面倒なのです。女性には「論理的に話せ」と言う割に、効率を無視したまだるっこしい会議を延々行うのが男性です。

そのような男性相手に話を切り出したいと思ったときは、「ポイントは 3 つあって」など、要約された発言であるかのように始めると耳を傾けてくれます。

女 結論を先送りする男にイライラしている

女性は脳の構造上、常に膨大な量の情報と感情をやりとりしています。そのため、会議の場でも、つい発言に自分の「気持ち」や「思い」がこぼれてしまいます。すると、「私はどうかなと思ったんですが、でも……それに……そういえば……」という「おしゃべり」的な話し方になります。**「結論」というゴールに向かって一直線に突き進む話し方は、角が立つし、苦手なのです。**

その点、**仲間と調和しながら行動したがる女性はブレストが得意。**奇抜なアイデアを思いつき、「それもいいね」「おもしろい！」とお互いの意見を尊重し合うので、さらにおもしろいアイデアが飛び出します。ですから、ブレストが煮詰まったときには女性の人数を増やすといいでしょう。

女性に対して話を切り出すときは、偉そうに理屈っぽく入ってはいけません。柔らかい印象を与えるクッション言葉を挟んだり、「意見というより、補足ですが」など、相手の発言をフォローしてあげる形で始めましょう。

男にはこう言え!

切り出し方だけでも要約している風を装う

NG

○○が△△で……、××
という面もあるのですが……

OK

要するに……

女にはこう言え!

話を切り出すときは、柔らかく切り出す

NG

それは違いますよ。
なぜなら……

OK

ちょっと話がそれちゃうかも
しれないんですが……

男は序列を読む
女は空気を読む

男 勝ち負けが命

男性はいつも「序列」を気にしています。「序列」とは、男性が属する「縦社会」の上下関係のことです。

自分の出世が気になる男性は、誰がこの会議の議論をリードしているのかを見ています。そして、できればその強い意見に乗って、自分の立場を有利に運ぼうとします。そのためには、こびへつらうような発言も平気でしますし、「偉い人」の顔をつぶす発言をしないよう、細心の注意を払います。普段は「効率重視」と言いながら、序列を守るためには効率も平気で犠牲にするのが男社会なのです。

男性にとっては会議も仕事というゲームのひとつです。勝つために発言することもあれば、負けないために口をつぐむこともあります。

もし、変なにらみ合いの場になってしまったら、天然キャラを装って、男性に質問してみるといいでしょう。「聞かれたので答えますが……」と議論が活性化し、場の雰囲気を良い方向へ戻せることがあります。

女 和やかムードが命

女性は常に「空気」を気にします。「空気」とは、その場の雰囲気や参加者の気持ちのことです。女性は和を重んじる「横社会」で生きていますので、仲間と気持ち良く会議を進めたいと思っています。発言の内容よりも、その結果生まれる感情・ムードを重んじるのです。

男性のように発言に勝ち負けを求めない代わりに、「○○さんの発言に課長は怒っているんじゃないかな」「○○さん、提案が通ったから機嫌が良さそうだな」と気持ちを察し続けます。

「察する」というと聞こえはいいですが、反対や対立を何より嫌うので、話し合いがまったく進まなくなることもあります。**「和やかムード命」の女性は、特に負の感情への感度が高く、自分の意見を通すことは二の次で、場の誰かの気分を害さないことを優先するのです。**なので、一度堅苦しい雰囲気に陥ってしまったら、「自由に」と、どんなに女性に発言を促してもムダです。空気を変えるべく、コーヒーブレイクなどを提案しましょう。

男にはこう言え！

にらみ合いになったら、天然っぽく質問する

NG

みなさん、どうでしょうか？

OK

○○さんの意見も
聞いてみたいです！

女にはこう言え！

堅苦しい雰囲気になったら、休憩を提案する

NG

自由にどんどん
発言してください

OK

ちょっと休憩しようか

男は猪突猛進に働く 女は臨機応変に働く

男 集中できるが、視野が狭い

男性はゴールに向かって一直線に進むのが得意です。右脳と左脳の連結が悪い分、脳の一部、またはどちらかの脳だけを使う傾向にあり、何か役割を与えると集中してそれに取り組みます。**ビジネスでも、細かいことは気にせずに脇目もふらず「猪突猛進」することが多いようです。**

しかしいっぽうで、ルールやシステムなど「ゴール」が変わると対応できず、動揺するという弱点もあります。**男性は女性的な臨機応変さを取り入れていく必要があると言えます。**

今後の社会は今まで以上に目まぐるしい変化が予想されるので、「とりあえずつくる」「試しながら進める」「違ったらすぐに変える」というフットワークの軽さが求められます。「愚直にひとつのことを突き進める」やり方では、近い将来立ち行かなくなってしまうでしょう。

困っている男性を見かけたら、関連資料をまとめるなどサポートしてあげるといいでしょう。袋小路に入り込んでしまっている相手に、状況を見渡す余裕を持ってもらうのです。

女 機転はきくが、目標を見失う

右脳と左脳の連結が良い女性の脳は、常に膨大な量の情報を同時進行で処理しています。**悪く言えば「いつも気が散っている」状態で問題の本質を見失うこともありますが、よく言えば細かい部分にまでよく気がつきます。**

また、男性のように何かに集中する力は持ち合わせていませんが、切り替えが早く、新しいルールにすぐになじめるという長所があります。ビジネスでも、目標を設定せず「臨機応変」に対応するスタイルが得意です。

いっぽう、さまざまなことに気がつくため、目の前の細かなことにこだわりすぎて目標を見失う場合があります。**目標に向けて、集中してとにかく前に進むという姿勢を学ぶと、もっとバランスの良い仕事ができるようになります。**もし、考えすぎて身動きが取れなくなっている女性を見かけたら、「あとで変更してもいいから、とりあえず動こう」と背中を押してあげてください。

男にはこう言え!

視野が狭くなっている相手をサポートする

NG

ここはどうします?
あそこはどうします?

OK

状況を整理してみました

女にはこう言え!

身動きが取れなくなっている相手の背中を押す

NG

そんな細かいこと
どっちでもいいよ!

OK

とりあえず一旦進めてみようか

男 は一般化したがる
女 は具体化したがる

男 会話という勝負に勝ちたい

男の会話は、ある意味「試合」。男性と話していると、彼らが「要するに」「つまり」「一般的に」などの言葉をよく使うことに気づくでしょう。**結論＝答えを出せば、勝ちであり、終了。男性は早く勝って会話を終わらせるために、すばやく「スマッシュ」を決めようとしているのです。**

男性は何かを判断するときに「結果」を重視するようにできているので、そこに至るまでの複雑で面倒くさい経緯が大嫌いです。

効率よくシンプルに物事を進めるために、「これは○○と同じケースだ！」などとルールや規則性を探したがるのも特徴。どんなことにでも当てはまるルールをひとつつくって、それだけですべてに対応させたいのです。

男性と雑談するときは、ニュースや情報からスタートするといいでしょう。ちょっとした会話にも「情報交換」という目的を求める相手に、有益なネタをちらつかせましょう。

女 会話を続けることが目的

女性の会話の目的は「おしゃべり」そのものを続けること。共感し合ったり、刺激されたり、「ラリー」を長く続けることが望みなので、細かい部分まで何度も繰り返し話します。

また、聞いている人の感情に訴えかけ、「自分がそのときどう感じたか」という部分を強調するのも特徴。

女性の脳は、何かを判断するときに細かい「プロセス」を大事にするので、**一般化されたルールよりも、その場その場を大切にし、想定外の事態にも臨機応変に対応することができます。**

ただし、ディテールが気になりすぎる弱点もあり、男性からはよく「木を見て森を見ず」とバッシングされます。

そんな女性と雑談するときは、エピソードトークから始めるといいでしょう。いきなり結論から伝えたり、「僕が……」「俺が……」と、押しつけがましくなったりしないよう注意が必要です。

男にはこう言え!

ニュースや情報からスタートする

OK

最近ニュースで話題になっている○○ですけど……

NG

昨日、友達からこんな話を聞いたんですけど……

女にはこう言え!

エピソードトークからスタートする

OK

実は最近、こんなことがあってさ……

NG

○○について君はどう思う?

男は同い年の男が苦手
女は自分より若い女が苦手

男「縦社会プレイ」が通用しない相手に動揺する

序列を重んじる男性が苦手なのは、「同期の男」。上司は持ち上げ、部下は褒めたりいじったり、「縦社会プレイ」をすればいいだけですが、「同期」となると話は別。どう接すればいいのかわかりません。

さらに、**同期の男は多くの場合、出世競争する上でのライバルになります。**年齢という絶対的な上下関係がない以上、つい反射的に相手をねじ伏せて「上」に立とうとします。いわゆる「同期会」では、自分がどんな仕事を任されているか、評価されているかで張り合い、マウンティングが繰り返されます。

ちなみに「同期の女」という存在に対しては、男性は何とも思いません。失礼な話ですが、無意識に「ライバルではない」と感じているのでしょう。

ちなみに、**「社歴は浅いけど年上」「年下だけど上司」など、縦社会のルールにないイレギュラーなケースにも動揺します。**

男性が苦手とする相手＝同期の同僚の話をするときは、すぐに張り合おうとする彼らの仲を和やかに取り持ってあげてください。「同期の仲間っていいですよね」と持ち上げれば、「仲間」が大好きな男性は、悪い気はしません。

女「女性は若いほどいい」という風潮に苦しむ

女性が苦手なのは「年下の女」です。「仲良し横社会」なら年齢は関係ないのでは？　と思うかもしれませんが、彼女たちは「女は若いほどいい」という世の風潮を日々肌で感じています。**自分より仕事はできないけれど、世の中的には価値が高い（ように感じてしまう）のが「年下の女」。**そのため、表面的には親しげに取り繕っていても、心の中では嫉妬し、疎んでいます。

また、その気持ちを隠すために必要以上におばさんぶって「若い子っていいわね」「私なんかもういい年だし」と自分を卑下する女性もいます。「若い子がちやほやされるのが気に入らない」と素直に言えないのでつい、おかしな態度をとってしまうのでしょう。女性同士の人間関係は複雑なのです。

女性が苦手とする相手＝年下女性の話をするときは、女性の「横社会」を壊さない程度に「縦社会」的な配慮をしてあげましょう。

男にはこう言え!

張り合う男性たちの仲を取りもってあげる

OK

同期の仲間っていいよね!

NG

誰が出世頭なの?

女にはこう言え!

年齢や容姿でなく、仕事を基準に話す

OK

○○さんもまだ一人前じゃないから、いろいろ教えてあげてくれる?

NG

君もまだ若く見えるから大丈夫だよ

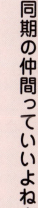

「キャリアの築き方」

男性はキャリアのゴールを設定して、そこに至る道筋を一心不乱に進むタイプが多く、言ってみれば山登りに似ています。

逆に女性は川下りのように、分岐点があるたびに右に曲がったり、左に曲がったりしながら、人生を進めていきます。

そのくせ選ばなかったほうの選択肢にいつまでも未練が残ったり、ときには後悔したりすることもあるのが、女性の特徴です。

男の山登り人生（成長）

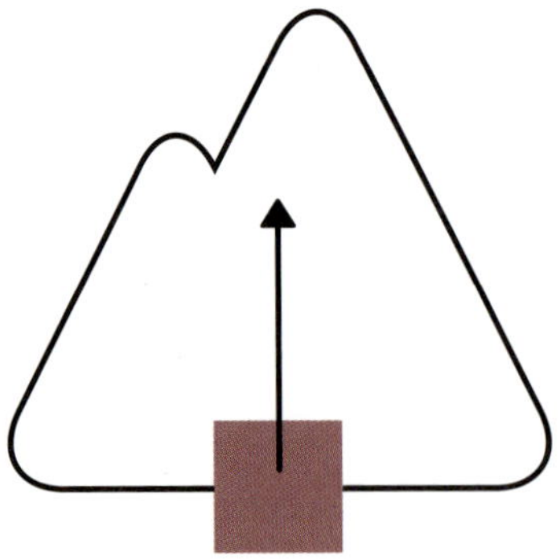

目標を定めてそこに到達する道のりを考えるのが、男の「山登り人生」

女の川下り人生（変化）

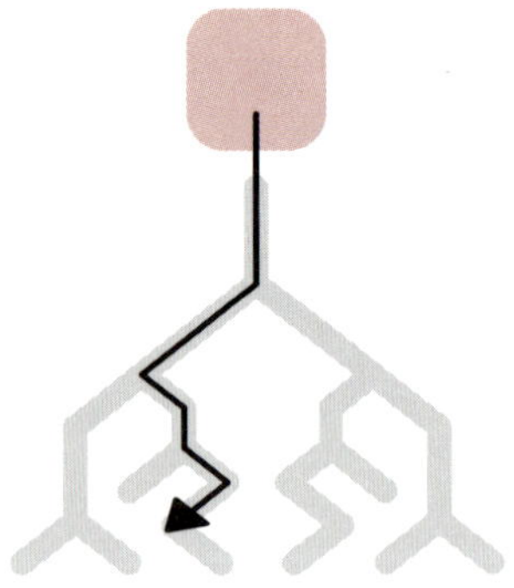

分岐点が来るたびに臨機応変に道を選ぶのが、女の「川下り人生」

付録

このひとことでうまくいく！

使える簡単フレーズ

「自己紹介」

初対面の自己紹介は緊張するものですが、異性が多いアウェイの場ならなおさらです。悪目立ちせず、でもみんなに覚えてもらえる話し方をマスターしましょう。

出身や経歴、趣味などの「事実」にプラスして、具体的な「体験談」や「関係性」をひとことつけ加えます。ほんの少し言葉を足すだけで、急に人間味が増し、存在を身近に感じてもらえます。

男 ↓ 女

- ○「幹事の○○さんとは大学時代からのつき合いです」
- ○「出身は北海道です。でもジンギスカンは大の苦手です」
- ○「読書が好きです。好きな作家は○○や△△です」

女 ↓ 男

- ○「趣味は食べ歩きで、ブログもやってます」
- ○「K大学を○年に卒業し、今年で社会人4年目です」
- ○「1980年生まれの松坂世代です」

「あいづち」

話を聞くうえで、あいづちは大事なテクニック。男性はつい「なんで？」と問い詰めてしまいがちですが、優しく、情感をこめたあいづちを打ちましょう。一説によると、女性は１日に２万語もの言葉が脳裏に浮かび、そのうち６千語ほどしゃべらないとストレスがたまるそうです。

いっぽう女性は、男性の話のわかりやすさを褒めるようなニュアンスのあいづちで話を合わせましょう。

男↓女

- ○「そうなんだねー」
- ○「ほんとに!?」
- ○「それはビックリだね」

女↓男

- ○「確かに！」
- ○「なるほどねー」
- ○「それでそれで？」

「話のつなげ方」

ふと会話が途切れたとき、スムーズに会話を再開できるひとことを持っておくといいでしょう。男性が陥りがちなのが「自分の話ばかりしてしまう」こと。自分でツッコミを入れつつ、相手の話にシフトします。

女性がついやってしまうのが「話があちこちに飛ぶ」こと。話を戻してくわしく掘り下げるよう心がけるといいでしょう。話題が見つからないときは、「視界に入ったものをそのまま言う」テクニックも有効です。

男 ⬇ 女

- ○「あれ、なんか僕ばっかり話しちゃってるね」
- ○「○○さんのこと、聞かせてよ」
- ○「最近、なにかハマってるものある？」

女 ⬇ 男

- ○「あ、話がそれちゃったね」
- ○「それ、くわしく教えて！」
- ○「ネクタイ、いい色ですね」

「嫌みにならない受け答え」

多くの日本人は褒められるのが苦手。照れたり、謙遜しすぎたりすることなく、「普通の会話」としてこなしたいものです。

相手がさらに広げやすい返答を心がければOKです。

また、素直にお礼を言うのも好感度アップ。たとえば、服装を褒められたら、「ありがとう！　この服、すごく気に入ってるんだ」とストレートに嬉しい気持ちを伝えるのです。

男 ⬇ 女

- ○ 「（学歴を褒められて）ええ、いい学校なんですよ～」
- ○ 「（物知りと言われて）本が好きでよく読みます」
- ○ 「（職業を褒められて）子どものころから夢だったので」

女 ⬇ 男

- ○ 「（肌を褒められて）紫外線対策が大変で……」
- ○ 「（スタイルを褒められて）炭水化物抜きダイエット始めたんです」
- ○ 「（料理を褒められて）普段料理とかしますか？」

「落ち込んでいる人への対処」

男性が悩みを相談するのは、「解決したい」と考えているとき。いっぽう女性が悩みを相談するときは、ただ「共感してもらいたい」だけ。

なので、ミスの度合いを把握し、今後リカバリーできると思えば立ち直れる男性には「現状把握＋未来への励まし」が効果的。

選択が間違っていなかったと確信できれば、気持ちの整理がつき、安心する女性には「過去の肯定＋なぐさめ」が効果的です。

男
⬇
女

○「よくがんばったね、辛かったでしょ」

○「その気持ち、よくわかるよ」

○「僕も似たような経験したことあるな」

女
⬇
男

○「気にしなくても、全然大丈夫」

○「あなたなら、できる」

○「理由はないんだけど、
なんかうまくいきそう！」

「行動を改めさせる」

女性が「自分が悪かった」と反省しやすいのは、自分の行動が相手を傷つけてしまったと感じたとき。女性には「悲しい」「残念だ」「心配になった」など、気持ちを伝えましょう。

そして女性は、「ちょっと！」「あのさー！」など、何に対して怒っているのかを説明できていないことがよくあります。男性には、せめて「嫌だ」「怖い」など、自分の気持ちをハッキリ伝えましょう。

男 ⬇ 女

○「連絡がないと心配するでしょ？」

○「そういうことされると悲しい」

○「辛い気持ちになるよ」

女 ⬇ 男

○「イラっとするから、そういう言い方はやめて」

○「理由はないんだけどイヤだから、やめて」

○「こわいから、大声出さないで」

「“好みのタイプ”の答え方」

何を言っても地雷につながる可能性を秘めているのが、“好みのタイプ問答”。

女性に答えるときのポイントは、女性から見ても素敵だなと思えるような女性像を答えることです。

男性に対しては、「あなたたちが価値を置いているものを、私も理解してますよ」とアピールできるといいでしょう。

男→女

- ○「素直な子かな」
- ○「ごはんを美味しそうに食べる子」
- ○「元気な人がいいな」

女→男

- ○「男友達が多い人」
- ○「少年みたいな心を持った人」
- ○「頭の回転が速い人」

「愛を伝える」

対女性にロマンチックなセリフを言うコツは“ストーリー”。「君は特別な人」とオンリーワン願望を満たし、テレビドラマのクライマックスに出てきそうなセリフを選びます。

男性をキュンとさせたいなら、コツは“インパクト”。「世界中であなたが一番！」とナンバーワン欲求を満たし、テレビドラマの序盤で出てきそうなセリフをぶつけましょう。

男→女

- ○「こんな気持ちになるのは、君が初めて」
- ○「君なしではいられない」
- ○「最初はそうでもなかったけど、気づくと惹かれてた」

女→男

- ○「今日のパーティの中で、断然素敵だったな」
- ○「今までつき合ってきた人の中でズバ抜けて頭がいい」
- ○「キムタクとかニノより、全然かっこいいよ」

「予定を決める」

男性は、常にゴールを意識して最短距離を進みたいと願っています。その段取り好きな性質は、あらゆるシーンで発揮され、女性が窮屈に感じることも多々あります。

いっぽうで女性はアンテナを常に張り巡らし、そのときの気分で欲しいものを頼んだり、行きたい場所に行こうとします。

男性は「大まかさ」、女性は「事前申告」を心がけましょう。

男↓女

- ○「(レストランで) ある程度メニュー選んでいいかな？」
- ○「(ドライブで) 気になるところあったら言ってね！」
- ○「(旅の計画で) ざっと調べてみたからプレゼンするね！」

女↓男

- ○「(レストランで) 生春巻きは絶対食べたい！」
- ○「(ドライブで) このお店って途中で寄れる？」
- ○「(旅の計画で) 観光よりもアクティビティ系がいいな！」

「一日の終わり」

男性はデートが終われば、一瞬で自分ひとりの世界に戻ります。つい自分の都合を口にしてしまいがちですが、女性の気持ちを想像して言葉を選びましょう。

女性が注意したいのは、ネガティブなワードを口に出すこと。男性はダメ出しされたと感じるので、ポジティブな言葉に置き換えるよう意識しましょう。

男→女

- ○「いつまでも話してたいけど、そろそろ切るよ」
- ○「僕も寂しいよ」
- ○「送っていこうか？」

女→男

- ○「今日はありがとう！」
- ○「また来週ね！」
- ○「大好きだよ」

「上手に別れる」

別れ文句は、本当の理由を言えばいいとは限りません。かっこつけたり、配慮したりした言葉が逆効果になることもあります。

男性に対しては「きれいな思い出にしてあげる」意識が必要。いっぽう女性に対しては、下手に気持ちを残させないような非情な言葉が効果的です。

相手が言いそうなことをそのまま言ってみるのも、ひとつの手です。

男→女

- ○「君の存在が重いし、もう疲れた……」
- ○「他に好きな子ができた」
- ○「冷めたんだ。ごめん」

女→男

- ○「私達、合わないよね」
- ○「将来が見えない」
- ○「やりたいことがある」

「会議の司会進行」

会議の司会進行は、全体のバランスを見ながら、時間通りに終わらせる高等技術。

女性が多い会議では心ゆくまで話してもらうこと。説きふせたりせず、スムーズにリードしてあげましょう。

男性が多い会議ではテキパキと運営することが重要です。性急さのため、視野が狭くなりがちな点を注意しましょう。

男 ⬇ 女

- ○「○○さん、どう思います？」
- ○「その意見もいいですね！」
- ○「盛り上がってきましたね！」

女 ⬇ 男

- ○「今日の会議の目的は……」
- ○「17時までに、○○と●●について決めたいと思います」
- ○「これまでの話を整理すると……」

「リーダーを任せる」

「任務と肩書き」があればがんばれる男性には、軍隊の隊長を任命するニュアンスでハッパをかけると効果的です。

逆に女性は、組織の「上」に立つことにモチベーションを感じないので、リーダーを任せたいときは「管理してほしい」ではなく「見守ってほしい」「支えてあげてほしい」など、「組織のお母さん」をイメージした言い方をするといいでしょう。

男→女

○「みんなを支えてあげて」

○「あなたなら安心できる」

○「働きやすい雰囲気づくりを心がけてほしい」

女→男

○「期待しています」

○「思う存分やってください」

○「あなたに任せた！」

「やんわりと断る」

事を荒立てず、相手を傷つけず断るのはとても難しいものです。

女性には、「本当は行きたかった」というポーズを見せることが礼儀。そうすれば気持ちは傷つきません。

いっぽう男性にそうした気づかいは逆効果なことが多いので、ズバッと断りましょう。ただし、「イヤだから」「ムリだから」というニュアンスは出さないように。

男 ↓ 女

- ○「残念ですが……」
- ○「本当にやりたかったのですが ……」
- ○「なんとか行けないか調整したのですが……」

女 ↓ 男

- ○「その日は難しいです。申し訳ございません」
- ○「その日は空いておりません」
- ○「またの機会にぜひ！」

おわりに　自分とは違う人とどうつき合うか？

男としての甲斐性、女子力が高い、男前、女々しい……といった言葉があるように、私たちは自然と周囲の人間を、「男と女」という視点で見ています。

そのように**「男らしい」「女らしい」と考えるからには、まずは基本となる原則があるはずです。**世の中一般では、何をもって男らしいと言うのか？　女性に多く見られる特徴は何か？　そうした「男と女の違いの基礎知識」を、さまざまな角度から分析し、整理しようというのがこの本の出発点です。大きく分けて、立脚点は3つあります。

ひとつは「本能」「生物」のアプローチ。脳科学や生物学の立場から、ヒトを動物として捉え、オスとメスの違いを語るものです。石器時代にさかのぼる狩猟の習慣や生殖本能、脳の構造、ホルモンの仕組みなども含まれます。

2つ目は「社会」のアプローチ。原始時代のオス・メスの関係とは異なり、文明社会に生きる社会的動物としての男女の違いです。具体的には、結婚生活における男女、ビジネスにおける男女、コミュニケーションにおける男女などが含まれます。

3つ目は「現代日本」のアプローチ。先進国でありながら、女性の社会進出が圧倒的に遅れている日本。この国で男と女はどのように暮らしてきたのか、どのような常識に縛られているのか。普段接している文化や、「あるある」エピソードもここに含まれます。

多くの本は、これら3つのうちどれかを軸として書かれていますが、本書ではそれらをあえてミックスして、エキスだけを抽出しています。学術的に正しいかより、「思い当たるふしがありますよね」というリアリティを大事にしています。

とはいえ、なにも「自分に当てはまるかどうか」を、ひとつひとつチェックしてほしいわけではありません。**むしろ注目すべきは「自分ではない」ほう。「自分に当てはまらないほうへの対処法」です。**

たとえば「男は察しない　女は説明しない」の項でフレーズを紹介しているページ（17ページ）。これは正しくは「男にはこう言え」ではなく「察しない人にはこう言え」です。「女にはこう言え」ではなく**「男だろうと女だろうと、きちんと説明しない傾向がある人には、こう話せばスムーズに話が動くよ」**ということです。その他の項も同様です。

自分とは違うタイプの人と、心の底からわかり合うのは大変なこと。であれば、まずは、わかり合えないことをスタート地点にしましょう。話はそこからです。

この人とは言葉が通じない。ならば、どうするか――そう、カタコトでもいいので、まずは通じる言葉を話すのです。相手と話したいなら、それしかありません。

ロシアへ旅行に行ったら、ガイドブックに書いてある通り「Здравствуйте（こんにちは！）」と言い、「кофе ,Пожалуйста（コーヒーをください）」と注文する。それと一緒です。

文化を学んだり、現地の人と触れ合ったりするのはあと回しにして、とりあえずはわけもわからず、ガイドブックに書いてある通りに話すのです。少し会話ができれば、それだけで嬉しいし達成感もありますし、心が近づいたような気さえするでしょう。

もちろん、最終的にはその国の成り立ちやお国柄、歴史背景を知り、深い理解に至ることができれば最高です。ですが、そこまでしなくてもいいのです。仕事も家庭も、日々のコミュニケーションも、結局は技術であり「プレイ」なのですから。表面上うまくいっていれば、それでOK。それを積み重ねることで、次第に流暢になり、いつか本当にわかり合える日がくるのです。

確かに、自分と似た人同士で集まるほうが楽チンです。話も通じるし、楽しいでしょう。でも、それでは人づき合いは広がっていきません。**特定の人としかうまくつき合えない、つまらない人間になってしまいます。**

異文化を学ぶために外国語を勉強する、刺激を求めて海外留学をする。どちらも素晴らしいことですが、**まずは身近な「異星人」であり、身のまわりにいる「自分とは違うコミュニケーションの人」と交流することから始めてみましょう。**

あなたが、「自分とは違う人」ととりあえずはうまくやっていき、いつかはわかり合えるようになることを、心から祈り、応援しています。

2016年10月　　五百田 達成

五百田 達成（いおた・たつなり）

作家・心理カウンセラー。
東京大学教養学部卒業後、角川書店、博報堂、博報堂生活総合研究所を経て独立。
サラリーマンとしての実体験と豊富なカウンセリング実績を活かした、職場の人づき合いにおける実践的アドバイスが好評を得ている。執筆や講演の主なテーマは、「コミュニケーション心理」「社会変化と男女関係」「SNSと人づき合い」「ことばと伝え方」。とくに、男女の考え方、感じ方の違いに対する鋭い分析と優しい語り口が人気となり、メディアにも多数出演している。
30万部を超えるベストセラー『察しない男 説明しない女』シリーズ（ディスカヴァー）をはじめ、13万部突破の『特定の人としかうまく付き合えないのは、結局、あなたの心が冷めているからだ』（クロスメディア・パブリッシング）など著書多数。
米国CCE, Inc.認定 GCDFキャリアカウンセラー。

［公式サイト］ http://www.iotatatsunari.com/

図解
察しない男　説明しない女

発行日　2016年　10月　15日　第1刷

Author　五百田達成

Illustrator　高旗将雄
Book Designer　【表紙】小口翔平（tobufune）
【本文・DTP】伊延あづさ　佐藤純（株式会社アスラン編集スタジオ）

Publication　株式会社ディスカヴァー・トゥエンティワン
〒102-0093　東京都千代田区平河町2-16-1 平河町森タワー11F
TEL　03-3237-8321（代表）
FAX　03-3237-8323
http://www.d21.co.jp

Publisher　干場弓子
Editor　大竹朝子
編集協力：清友真紀（株式会社アスラン編集スタジオ）

Marketing Group Staff　小田孝文　中澤泰宏　吉澤道子　井筒浩　小関勝則　千葉潤子　飯田智樹　佐藤昌幸　谷口奈緒美　山中麻吏　西川なつか　古矢薫　原大士　郭迪　松原史与志　中村郁子　蛯原昇　安永智洋　鍋田匠伴　榊原僚　佐竹祐哉　廣内悠理　伊東佑真　梅本翔太　奥田千晶　田中姫菜　橋本莉奈　川島理　倉田華　牧野類　渡辺基志　庄司知世　谷中卓
Assistant Staff　俵敬子　町田加奈子　丸山香織　小林里美　井澤徳子　藤井多穂子　藤井かおり　葛目美枝子　伊藤香　常徳すみ　イエン・サムハマ　鈴木洋子　松下史　片桐麻季　板野千広　阿部純子　岩上幸子　山浦和　小野明美

Operation Group Staff　池田望　田中亜紀　福永友紀　杉田彰子　安達情未

Productive Group Staff　藤田浩芳　千葉正幸　原典宏　林秀樹　三谷祐一　石橋和佳　大山聡子　堀部直人　井上慎平　林拓馬　塔下太朗　松石悠　木下智尋　鄧佩妍　李瑋玲

Proofreader　文字工房燦光
Printing　大日本印刷株式会社

ISBN978-4-7993-1981-9